AF391168

# HISTOIRE POPULAIRE

## DE LA

# RÉVOLUTION FRANÇAISE.

Beaugency. — Imprimerie de GASNIER.

# HISTOIRE POPULAIRE

## DE LA

# RÉVOLUTION

## FRANÇAISE.

*Mullois.*

## PARIS,

**C. DILLET, LIBRAIRE, GÉRANT DU *MESSAGER DE LA CHARITE*,**
Rue du Bac, Passage Sainte-Marie, 2 *bis*.

**PÉRISSE FRÈRES,** | **PAULMIER,**
rue Saint-Sulpice, 38. | rue du Cherche-Midi, 28.
**ALBANEL FILS, rue des Saints-Pères, 37.**

## LYON,

PERISSE FRÈRES, rue Mercière, 49.

### 1856.

# INTRODUCTION.

Le titre seul du livre qu'on va lire indique que nous allons dérouler des pages de notre histoire que nous serions heureux d'en pouvoir effacer. Nous les exposerons cependant, puisque la vérité historique l'exige ; mais comme la justice et la sagesse ne demandent pas moins que nous signalions les vrais auteurs et les vraies causes de tant de choses désolantes sans laisser peser sur la nation tout entière le poids des excès et des crimes qui ont excité son horreur, nous le ferons aussi.

Pour donner dès l'abord une idée des choses, nous n'avons besoin que de rappeler qu'on a vu pendant le XVIII<sup>e</sup> siècle, à la faveur de princes corrompus (1) et dès-lors trop aveugles et trop faibles pour s'y opposer, une secte dont les adeptes se donnaient le nom de philosophes, devenir chaque jour plus influente et finir par ne plus trop cacher le dessein qu'elle avait de combattre et de détruire la religion. Elle avait le tort de gêner leurs passions et de combattre leur orgueil; et comme d'une autre part le pouvoir lui donnait l'espoir de réussir, sa perte fut jurée. Par suite de ce dessein, ils furent conduits à combattre le pouvoir temporel lui-même qui avait intérêt à faire respecter la religion nécessaire à l'ordre du monde, et qui, d'ailleurs, par sa

(1) Le Régent dans l'esprit et les mœurs ; Louis XV plutôt dans les mœurs seulement.

prééminence dans la société, était, par lui-
même et par ceux qui lui servaient d'appui,
un obstacle à une élévation qu'ils voulaient
à tout prix. Cette double guerre fut donc
entreprise avec une habileté et une persis-
tance qui, en face de l'aveuglement et de l'i-
nertie du pouvoir, devaient finir par réussir (1).
Ils voyaient qu'ils préparaient le renversement de la société, mais ils étaient impatients
de la dominer, sans s'inquiéter si ce serait
sur des ruines. Leur projet était clairement
indiqué par cette parole par laquelle Voltaire,
leur chef, terminait ses lettres : *Ecrasons l'in-*

(1) Ainsi, quand on s'adressait au peuple à qui l'on voulait rendre odieux les prêtres qui prêchaient le respect
et la soumission aux puissances, on les leur montrait
comme les auxiliaires et les complices de la tyrannie
(c'était le nom qu'on donnait au pouvoir). Quand, au con-
traire, on s'adressait aux princes qu'il fallait empêcher de
prêter leur appui à la religion, on leur peignait les prêtres comme des rivaux dangereux du pouvoir, et contre les empiétements desquels on ne pouvait trop se tenir en garde.

*fâme,* désignant le christianisme par cette expression fanatique.

D'autres fois il leur disait : « Je ne vois dans les chrétiens que des fanatiques auxquels il faudrait courir sus. (Lettre à Damilaville, 1767.) Je suis désolé que les philosophes ne soient ni assez nombreux ni assez riches pour détruire la secte abominable par le fer et la flamme. — Nos compatriotes ne méritent pas de vivre, puisqu'ayant du bois et du feu, ils ne s'en servent pas pour brûler tous les monstres. » (Au comte d'Argental, 3 octobre 1761 ; à d'Alembert, avril 1761.) — Rien donc de plus ardemment désiré que ce résultat. Afin de l'obtenir, ils répandirent leurs doctrines subversives et impies dans toutes les sociétés, et les propagèrent surtout par les livres. Pour atteindre tous les esprits, on en fit de sérieux où l'incrédulité était raisonnée ; on en fit d'historiques où l'histoire était falsifiée dans le sens de rendre odieux le

pouvoir et la religion : on y joignit force ro-
mans corrupteurs et impies tout ensemble ; on
les accompagna de poésies licencieuses ;  on
lança contre les adversaires des libelles diffa-
matoires, et même, pour perdre plus vite
tout ce qui s'opposait au règne de la philosophie, le chef leur écrivait : « Mentez, mes
amis, mentez, non pas timidement et pour
un temps, mais hardiment et toujours ; il en
restera quelque chose. »

Pour tout résumer, en un mot, il est si vrai
que les philosophes ont été les vrais auteurs
de la révolution et de la persécution reli-
gieuse qui l'a signalée, que les disciples de
Voltaire, leur patriarche, l'ont reconnu lorsqu'ils ont dit aux jours où elle entraînait
déjà la société : « Le premier auteur de cette
grande révolution qui étonne le monde, c'est,
sans contredit, Voltaire.  S'il n'eût pas brisé
le joug des prêtres, jamais on eût brisé celui
des tyrans.  Il n'a pas vu tout ce qu'il a fait,

mais il a fait tout ce que nous voyons. »
(*Mercure de France,* 7 août 1790, rédigé par
la Harpe, Marmontel, Champfort, rendant
compte de la vie de Voltaire, par Condorcet.)

Les choses étant ainsi préparées, et les
idées nouvelles dans toutes les têtes, la révolution commença par les états généraux.
Dans une situation aussi périlleuse à beaucoup d'égards, il ne fallait que des hommes
audacieux pour tenter le renversement d'une
monarchie qui n'était défendue que par un
prince faible et irrésolu environné de grands
imbus, pour un bon nombre, des principes de
la philosophie. Ces hommes ne manquèrent
pas de se rencontrer. Cependant, pour plus
de sûreté, ils firent entrer le prince dans la
voie des concessions, par laquelle ils montrèrent tout ensemble leur projet arrêté de
tout détruire et leur mauvaise foi, car ils n'a-
vaient pas plutôt obtenu ce qu'ils avaient demandé, que, loin de s'en contenter ainsi

qu'ils l'avaient solennellement promis, on les voyait élever de nouvelles prétentions. Ce fut ainsi que, dépouillant chaque jour la royauté, ils l'amenèrent à n'être plus qu'une ombre de pouvoir et de grandeur. C'était encore trop pour eux. Afin de la mieux détruire, ils tentèrent de l'avilir et firent périr sur l'écha-faud, comme un criminel, à la suite d'un jugement, un roi que ses vertus et sa bonté ont fait appeler le plus honnête homme de son royaume : ils voulurent faire haïr comme un tyran un prince chez qui l'amour pour ses sujets avait toujours été aussi tendre que sincère. Ils multiplièrent les victimes sans s'arrêter devant les plus innocentes et les plus inoffensives ; ils multiplièrent les spolia-tions, afin de multiplier leurs complices. Ils couvrirent la France d'échafauds, ils l'inon-dèrent de sang, et ils eurent recours à la terreur pour se défendre contre l'indigna-tion.

Pour la religion qu'ils s'étaient aussi donné comme devant réformer, ils ne firent que la corrompre autant qu'il était en eux en la jetant dans le schisme; et comme ce n'était point là qu'ils voulaient s'arrêter, dès que le moment leur fut favorable, ils la proscrivirent entièrement, renversèrent ses autels, massacrèrent ses prêtres, punissant de mort ceux même qui leur donnaient asile.

Mais comme il ne saurait y avoir de paix parmi les méchants, s'ils s'étaient unis pour renverser la monarchie, ils se divisèrent pour en partager les dépouilles. Les rênes de l'État ne flottèrent ainsi que trop longtemps entre des mains plus ou moins indignes, plus ou moins inhabiles. Dans une semblable situation, et en proie à mille dangers qui menaçaient, la France aurait péri elle-même et aurait été démembrée, si l'honneur ne s'était, ainsi qu'on l'a dit, réfugié dans les camps ; si la France n'avait eu des enfants

qui savaient vaincre et mourir, tandis que ses
prétendus représentants et législateurs ne
savaient que parler et disputer ; s'il ne s'était
surtout rencontré un homme suscité par la
Providence qui, par une victoire plus glorieuse
encore que tant d'autres victoires qu'il avait
remportées, sut abattre l'hydre de la révolution, relever l'autorité et gagner la confiance
publique : un homme d'un génie trop vaste
et d'une vue trop élevée pour ne pas comprendre qu'il fallait, pour gouverner un
grand peuple, autre chose que la force matérielle qui courberait des esclaves, mais une
religion divine qui enchaîne les passions,
commande à la conscience, et inspire les vertus; un homme qui signala son avénement au
pouvoir en rejetant avec mépris les religions
dérisoires qu'on s'efforçait de substituer au
christianisme que des philosophes insensés
avaient cru détruire, pour relever les autels
du Dieu par qui les rois règnent avec jus-

tice et les peuples se soumettent avec dignité.

Nous avons donc pu dire avec vérité que les vrais auteurs de la révolution sont ceux qui ont d'abord ôté tout frein comme toute consolation aux hommes en leur arrachant la foi, et qui ont en même temps fait appel à toutes les passions pour inspirer au peuple le mécontentement et le pousser à la révolte. Déjà infiniment coupables d'avoir renversé la religion sans rien mettre à la place, ils ne méritent pas moins de mépris du côté de l'ordre politique, pour n'avoir pas été moins impuissants à maintenir les multitudes qu'imprudents à les déchaîner; pour n'avoir su, avec toutes leurs constitutions et toutes leurs lois, rien constituer ni fonder, et pour n'avoir donné à la France, après leurs pompeuses promesses, que la misère et la désolation. Ce n'est donc point le gros de la nation ni le peuple qu'on doit accuser de la révolution et de ses excès ; car ne sait-on pas que le bon paysan, le laboureur, l'artisan, l'ouvrier, dont se compose le peuple, n'ont d'autre ambition que celle de l'ordre et de la paix qui favorise le travail et les transactions? d'autre désir que celui de la tranquillité que troublent les révolutions et de l'allégement des impôts qu'elles aggravent?

On a évidemment trompé le peuple, puisqu'on ne lui a point procuré le bonheur qu'on lui avait promis, et il n'est pas moins aisé de voir que ceux qui se disaient ses amis n'étaient que des ambitieux qui se servaient de lui comme d'un marchepied pour s'élever. Que faut-il de plus pour nous porter à nous tenir en garde contre les espérances dont nous berceraient encore les héritiers de leur aveuglement et de leurs projets? pour nous faire repousser en particulier les insinuations de ceux qui exciteraient notre envie et notre haine contre ceux qui sont au-dessus

de nous, en nous parlant d'égalité : tandis
qu'il ne faut qu'un instant de réflexion pour
comprendre qu'il n'y a rien de plus impossible ni même de plus contre nature qu'une
égalité de position sociale, puisque nous
naissons très-diversement doués, et que les
vertus et les vices, qui sont notre propre ouvrage, nous élèvent ou nous abaissent encore
à l'égard les uns des autres? Instruits donc par
l'expérience, nous repousserons avec énergie
les livres et les écrits qui répandent des faus-
ses et dangereuses doctrines, puisque nous
voyons qu'elles sont *la vraie et principale*
cause des révolutions qui nous agitent sans
cesse. Persuadés enfin que le bonheur facile
que nous promettent les agitateurs n'est pas
le partage de cette vie (qu'il ne faut pas non
plus exempte d'abus, qu'ils ne manquent pas
d'exagérer et de dénaturer), et que, pour celui qu'on peut y goûter, c'est de sa bonne
conscience, de sa conduite et de son travail

qu'un honnête homme doit l'attendre , telle sera la voie par laquelle nous le chercherons.

Une chose que présentera aussi cet abrégé et qui repose le cœur contristé de tant d'excès et de crimes, ce sont de touchants et souvent d'héroïques exemples de vertu ménagés par la Providence pour faire connaître, par ce contraste, la source du mal et le remède à y opposer, et pour donner occasion à la France, qui les a honorés de son attendrissement et de son admiration, de protester que si elle a pu subir la pression de la terreur et de ses vices, elle n'a de sympathie que pour la grandeur d'âme et la vertu.

# HISTOIRE

## DE LA

# RÉVOLUTION FRANÇAISE.

---

### CHAPITRE PREMIER.

Commencement de la Révolution. — Convocation des États généraux. — Assemblée nationale. — Prise de la Bastille.

A l'avénement de Louis XVI au trône de France, les finances étaient épuisées, le commerce périclitait, la marine était presque anéantie, 70 millions avaient été consommés par anticipation sur les revenus de l'Etat, les dépenses avaient un excédant sur les recettes qui ne s'élevait pas à moins de 22 millions.

Louis XVI ne recula cependant pas devant l'immense tâche qui venait de lui échoir, et se prépara avec autant d'empressement que de vigueur à l'accomplir.

Une libéralité presque sans précédent dans l'histoire inaugura dignement son règne ; il fit au peuple remise entière du droit de *joyeux avénement*.

Voulant pousser plus profondément les bienfaits de sa paternelle vigilance, après avoir rassuré les créanciers de l'Etat, promis d'acquitter la dette publique s'élevant alors à plus de 5 milliards, rappelé les parlements de l'exil, fait rembourser 24 millions de la dette exigible et 50 millions de la dette constituée, il fit convoquer une assemblée des notables de la nation, afin de s'éclairer sur la valeur des mesures salutaires qu'il avait arrêtées pour le bien du royaume et de déterminer les moyens de rendre leur application efficace.

Le 22 février 1787, cette assemblée ouvrit ses séances ; mais comme malheureusement les éléments dont elle était formée n'étaient rien moins qu'hostiles au monarque et à l'exécution de ses desseins réparateurs, elle se sépara bientôt sans avoir fait d'autres efforts que ceux de jeter la déconsidération sur la royauté qu'elle avait été appelée à sortir d'embarras.

Necker prit dans ces entrefaites la conduite des finances du royaume, dont l'économie était loin d'être assise. Mais la sollicitude de Louis XVI entrevoyait d'autres biénfaits à répandre : d'autres parties de l'Etat avaient besoin d'être sinon transformées, du moins restaurées profondément ; malgré l'ineptie et le mauvais vouloir récent des notables, il n'hésita pas, dans ce moment suprême, à demander encore à l'expérience et à la raison de la nation l'aide dont il avait besoin pour opérer ce grand œuvre de consolidation sociale.

En conséquence, il fit convoquer une assemblée des états généraux pour le 5 mai 1789.

Il est bon de savoir que l'éligibilité à cette assemblée n'était aucunement soumise à la justification d'une propriété quelconque.

Le 5 mai, l'assemblée des états, divisée selon la coutume en trois ordres, se réunit pour la première fois dans la salle des *Menus plaisirs*, à Versailles.

Une mission toute pacifique, toute réparatrice, semblait naturellement dévolue à ce conclave composé de l'élite des intelligences d'une grande nation ; du moins c'est ce que le roi paraissait attendre d'elles, quand il leur disait, par l'organe de Necker : « Vous n'avez pas seulement à faire le bien, mais, ce qui est plus important encore, à le rendre durable. »

Belles paroles, mais qui étaient loin d'être dans tous les cœurs.

Que voit-on à cette première séance? Un gouvernement sage et digne, plein de bonne volonté.

Que trouve-t-on chez ceux qui ont été appelés à féconder ces bonnes et généreuses intentions? L'hostilité la plus marquée, et, chose douloureuse à constater, il semble, en examinant l'attitude des trois ordres, qu'ils ont été réunis non pour se concerter, mais pour combattre; non pour apaiser les maux dont souffre leur commune patrie, mais pour en attirer sur elle de plus effroyables encore.

Si le cérémonial qui, depuis des siècles, présidait à ce genre de réunion eût été suivi sans ostentation, les députés du tiers s'y seraient conformés sans éprouver de honte; mais des courtisans laissèrent paraître une joie maligne sur leur visage, quand le grand maître des cérémonies vint enjoindre au tiers de se découvrir pendant qu'il leur était permis de rester coiffés. On remarqua avec affectation l'humble vêtement noir des députés des communes, et, il faut le dire, cette conduite était une grave offense à la dignité de ces hommes; mais alors on ne s'inquiétait guère du ressentiment qu'elle pourrait faire naître.

Cependant, le mode de vérification des pouvoirs ainsi que celui de délibération n'ayant pas été indiqués par le roi, ce qui était une faute, dans la soirée les députés du tiers décidèrent que les ordres de la noblesse et du clergé se joindraient à eux pour procéder à ces préliminaires indispensables (1).

Dans les anciens conseils généraux, chacun des ordres vérifiait en particulier les pouvoirs de ses membres; la noblesse et le clergé déclarèrent vouloir se conformer à l'usage traditionnel.

De là ce conflit d'où sortirent les divisions funestes qui devaient porter une si rude atteinte au pouvoir royal.

Les députés des communes demeurèrent invariablement attachés à leur décision; jusqu'au 17 juin, ils attendirent qu'il plût à leurs collègues dissidents de se joindre à eux, mais ceux-ci restèrent sous leur tente.

(1) L'ordre du clergé se composait de trois cents députés; celui de la noblesse était du même nombre. L'ordre du tiers, qui représentait les trois quarts au moins de la nation, était double des deux premiers.

Le 17, le tiers, poussé par Siéyès, qui disait modestement de lui : « qu'il n'avait rien à apprendre des hommes, » reconnaisant qu'il représentait plus des trois quarts de la nation, se constitue corps politique sous le nom d'*Assemblée nationale.*

A cette nouvelle, les deux ordres privilégiés protestèrent entre les mains du roi contre une aussi audacieuse détermination.

Mais déjà le coup était porté, et tout annonçait que le tiers sortirait vainqueur de cette lutte des idées novatrices contre le principe monarchique.

En effet, le 24 juin, cent cinquante ecclésiastiques, mus par un excellent esprit de conciliation, se joignirent aux députés du tiers, et, le 27, le roi acheva la fusion des trois ordres.

La séance royale qui fut consacrée à cet acte d'apparente réconciliation offrit, dit un auteur (1) dans ses Mémoires, « le sévère appareil d'un lit de justice ; des soldats et des gardes du corps environnaient la salle des états : tout autour du trône fut morne et silencieux. La déclaration du roi ne contenta personne. »

Le roi était environné d'hommes qui ne s'en

(1) Ferrières.

tendaient pas; de là cause de toutes les irréso-
lutions qu'il montra jusqu'au 10 août, de là une
des causes de la chute de la monarchie.

Une autre encore, le parti dont le duc d'Orléans était l'âme et Mirabeau le principal instrument, n'y contribua pas peu non plus.

Le premier ne rêvait qu'une chose, la dissolution des états généraux, même par la force;
il commençait à redouter le tiers, et ses allures
vigoureuses et cauteleuses à la fois l'effrayaient
avec raison.

Le second avait juré d'abattre le trône, d'introduire en France le régime constitutionnel, et
d'asseoir sur cet assemblage hétérogène la maison d'Orléans.

Le tiers demeurait froid en apparence au milieu des tendances à peine dissimulées de ces
factions, mais préparait dans le secret, par ses
clubs et ses réunions de tous genres, la ruine
de tous deux et son triomphe. Il se fût peut-
être rattaché à Louis XVI, mais les fatales ter-
giversations du monarque l'éloignèrent.

A la suite de la séance du 27, les ordres privilégiés se retirèrent. Le tiers demeura et s'em-
porta en déclamations violentes contre ce qu'il
appelait la tyrannie de Louis XVI.

2

Au plus fort de ces récriminations, le grand maître des cérémonies apporta aux députés l'ordre de se retirer.

Cette injonction qui, après tout, n'avait rien de blessant, allait recevoir son effet, quand Mirabeau, la face empourprée d'un tout autre rouge que celui de la pudeur et de la dignité offensée, s'écria en s'adressant à l'officier du roi : « Vous n'avez ici ni place... ni droit de parler. Allez dire à votre maître que nous sommes ici par la volonté du peuple, et que nous n'en sortirons que par la force des baïonnettes. »

Le roi, en apprenant la réponse véhémente du tribun, répondit : « Eh bien, s'ils ne veulent pas sortir, qu'ils restent ! »

A la suite de cet incident, le tiers déclara la personne des membres de l'Assemblée inviolable, et traître à la patrie quiconque oserait attenter à la liberté d'un député. C'était couvrir habilement d'un bouclier solide toutes les inrigues et les projets de subversion qui fermentaient dans son sein, leur assurer l'impunité et conséquemment le succès.

D'autres causes encore poussaient la France au gouffre de la révolution :

« Avant qu'elle éclatât, dit Huë, chaque ordre

de la monarchie en nourrissait le germe. Dans le clergé, un grand nombre d'ecclésiastiques du second ordre, cédant aux suggestions des novateurs, s'étaient laissé prévenir contre les évêques et avaient fait envisager aux curés et vicaires leur cause comme liée à celle du tiers état.

« Dans la noblesse, il existait entre les différentes classes de gentilshommes des jalousies et des haines ; ceux qui habitaient la province se plaignaient de voir trop souvent les dignités et les grâces concentrées dans certaines familles, dont, à les entendre, les faveurs du roi faisaient une sorte de patriciat.

« Dans l'ordre du tiers, chacun se pressait d'arriver à la fortune ; si déjà il la tenait de l'industrie de ses ancêtres ou de la sienne, il voulait franchir la barrière qui l'écartait des premières places et des emplois supérieurs. La profession du père ne suffisait plus au fils, qui cherchait à tout prix à changer d'état et à s'élever davantage ; ajoutez à cela l'amour excessif du luxe, la corruption des mœurs, l'oubli de la religion et des devoirs, puis cet élan vers la liberté que la guerre de l'indépendance américaine avait donné aux esprits, etc. » Voilà plus qu'il n'en faut pour renverser un roi honnête homme.

Déjà la licence dont jouissàit l'Assemblée portait ses fruits ; au dehors, le peuple artisan avait quitté l'atelier d'où il tirait une subsistance honorable, pour se ruer dans les places et courir aux réunions politiques. Au travail, qui élève l'âme et l'ennoblit, avait succédé, dans les rangs des travailleurs, l'oisiveté qui la dégrade et peu à peu la porte aux plus grands excès.

Déjà les distinctions haineuses d'*aristocrate* et de *démocrate* passent dans les bouches, circulent sur toute la surface de la France, excitant les mauvais instincts.

Les incendies et le pillage des châteaux commencent dans les provinces, jettent la terreur dans les esprits et appellent d'autres violences, d'atroces barbaries.

Versailles et Paris ne sont pas à l'abri de ces épouvantables débordements.

Le roi, voulant refréner tant d'excès déplorables, fit déployer quelques régiments sur ce premier point ; mais l'Assemblée, dont cette mesure entravait l'œuvre odieuse, s'en plaignit à lui amèrement.

« Jamais les troupes ne porteront atteinte à la liberté des états généraux, » répondit Louis XVI.

L'Assemblée ne voulut pas paraître rassurée, et

sa contenance excita au dehors de nouveaux excès.

La révolution s'amalgamait; peu à peu on voyait se dresser le géant qui devait écraser l'antique société française.

Le roi, qui n'était pas dupe des semblants de dévouement que paraissait lui témoigner Necker, et qui ne pouvait admettre son plan d'organisation sociale empruntée à l'Angleterre, demanda à ce ministre sa démission.

Le 11, Necker la remit au roi.

Cependant, le 12, aussitôt que la nouvelle en parvint au peuple désœuvré, tout Paris fut dans l'agitation. Qui l'avait préparée? le duc d'Orléans, cet homme dont le front était sans cesse paré du masque d'un faux libéralisme, et dont les mains ne s'ouvraient que pour corrompre et acheter une popularité menteuse et factice.

Une foule bruyante, excitée par les mécontents de la noblesse, remplit les rues, inonda le Palais-Royal, précédée des bustes de Necker et du duc d'Orléans, couronnés de fleurs.

Là, des orateurs improvisés la haranguèrent. Camille Desmoulins, qui se débattait dans les langes de l'obscurité, se fit remarquer par cette exaltation fiévreuse que nourrissait en lui bien plus l'ambition qu'un sincère amour de la liberté.

Ce fut lui qui cria le premier aux armes et arbora une cocarde de feuilles d'arbre à son chapeau.

Les canons roulèrent sur leurs lourds affûts, le tocsin sonna, le peuple se rua par bandes insensées sur les barrières de Paris, qu'il incendia.

Le prince de Lambesc accourut à la tête du régiment de *Royal-Allemand*. Il fut accueilli à coups de pierres sur la place Louis XV.

Le régiment des gardes françaises passa du côté des factieux.

A la suite de cette journée, les électeurs de Paris s'emparent de la municipalité et y convoquent les bourgeois de Paris. On résolut d'armer les citoyens dans cette réunion. En vingt-quatre heures, soixante mille hommes se font inscrire. On prit des armes à l'hôtel des Invalides. Les soldats des gardes françaises virent récompenser leur défection par des grades d'officier qu'on leur donna dans la nouvelle milice parisienne.

Le soleil du 14 juillet se leva sur Paris sourdement agité par les factions.

La veille, la foule avait envahi l'hôtel des Invalides où elle avait pris trente-cinq mille fusils; le garde-meuble, où se trouvaient des collections précieuses d'armes de prix, avait été dépouillé.

L'assemblée des électeurs autorisait la ville à faire fabriquer des piques, des hallebardes; tout se préparait donc pour un immense combat.

Cependant il restait un grand nombre de citoyens sans armes. On apprend que la Bastille en renferme; la foule se porte au pied de la forteresse. Quarante parlementaires appartenant au peuple y sont admis.

Mais tout à coup une vive fusillade se fait entendre à l'intérieur; à ce bruit sinistre, la multitude poussé des cris de vengeance, on incendie les derrières de la forteresse à l'aide de voitures de paille traînées jusque-là. Cependant la garnison riposte et se défend; mais, après quatre heures de lutte, le gouverneur demande à capituler.

Un bourgeois nommé Elie accepte la capitulation au nom du peuple; mais aussitôt que les ponts-levis furent baissés, la fureur des assaillants qui n'était que ralentie se réveilla ardente à la boucherie. Delaunoy, le gouverneur, est égorgé, et sa tête placée comme un hideux trophée au bout d'une pique; bientôt un respectable vieillard, Losmesolbroy, subit le même sort.

Dans la soirée Flesselles, prévôt des marchands, soupçonné de connivence avec la cour, est tué d'un coup de pistolet en sortant de l'hôtel de ville ; son corps déchiré en lambeaux n'offre plus que des débris de chairs, de fibres palpitantes et souillées de fange.

Sa tête est promenée par les rues comme une dépouille glorieuse, jusqu'au Palais-Royal ; là les habitués de ce séjour crapuleux repaissent à loisir leurs yeux de ce sanglant spectacle.

Le 15, on commença à démolir la Bastille. Lafayette se fit remettre la clef de la porte principale de l'antique forteresse et l'envoya à Washington.

Il n'y eut pas seulement des pierres frappées dans ces désastreuses semaines ; il y eut des monuments vivants, il y eut des hommes. On gémit sur la destruction des manoirs antiques dans le Dauphiné, dans l'Auvergne, dans la Franche-Comté. Mais voyez, en Languedoc, le marquis de Barras coupé en morceaux sous les yeux de sa femme enceinte ; dans le Maine, M. de Montesson fusillé après l'égorgement de son beau-père ; en Franche-Comté, le baron de Montjustin suspendu pendant une heure dans un puits, entendant délibérer sur son genre de mort; en Normandie , un gentilhomme paralytique abandonné sur un bûcher; à Troyes, le maire mis en pièces et traîné dans les rues de la ville! Et, pour anticiper un moment sur les dates , la ville de Caen fut témoin, le 12 août, d'un événement horrible. Un vigoureux mais téméraire jeune homme, héritier d'un nom illustré dans les annales du dévouement, M. de Belzunce, major en second du régiment de Bourbon infanterie, fut déchiré sous mille coups; on porta triomphalement dans la ville les lambeaux de son corps , et , ce qu'on ne peut raconter qu'en frémissant, une femme, ou plutôt une échappée de l'enfer, mangea le cœur du jeune Belzunce !

## CHAPITRE II.

Le roi se rend à l'Assemblée. — Voyage du roi à Paris. — L'émigration commence. — Les brigands. — Assassinats de Foulon et de Berthier. — Retour de Necker. — Nuit du 4 août. — Massacre des gardes du corps.

Pendant que l'on se massacrait à Paris, le parti de la cour, ignorant les événements, s'amusait à Versailles en sécurité.

Il cherchait à réveiller l'enthousiasme des officiers commandant les régiments disposés pour dissoudre l'assemblée et étouffer les criailleries des Parisiens.

Le roi, auquel on avait tout caché, est informé par un ami fidèle, le duc de la Rochefaucauld-Liancourt, des événements du 14. Le roi, à la suite de cette confidence, se décide à se rendre à l'assemblée.

Le 15, Louis XVI se rend au sein des députés, et, dans un discours admirable de simplicité et de tendresse pour son peuple, il excite plus d'une fois d'unanimes approbations.

« Je sais, dit-il, en s'adressant aux députés, qu'on a donné naissance à d'injustes préventions ; je sais qu'on a osé publier que vos personnes n'étaient pas en sûreté. Serait-il donc nécessaire de revenir sur des récits aussi coupables, démentis d'avance par mon caractère connu ? Eh bien, c'est moi, qui ne fais qu'un avec ma nation, qui me fie à vous. Aidez-moi dans cette circonstance à assurer le salut de l'Etat. »

L'assemblée parut touchée de la bonne foi et de la condescendance du roi, qui s'offrait à rappeler Necker et qui avait ordonné aux troupes de Versailles de se retirer.

Quarante de ses membres furent chargés d'aller annoncer aux Parisiens le parfait accord qui régnait entre le roi et l'assemblée, en même temps que la prochaine venue du roi dans la capitale. Un *Te Deum* solennel y fut chanté à l'occasion de ces heureuses nouvelles.

Dans la matinée du 17, une femme dont la mise annonçait une personne de distinction pénétra dans les appartements du roi. S'adressant au marquis de la Queille qui s'y trouvait, elle lui dit qu'elle désirait faire une communication importante.

Le marquis fit avertir le duc de Villeroy, capitaine des gardes.

« Monsieur le duc, dit cette femme, j'ai à vous déclarer que tout à l'heure, passant au bout de la grande avenue, des hommes arrêtés près de tel arbre (elle le désigna) s'entretenaient du roi. L'un d'eux disait :

« Le roi croit arriver à Paris, il y entrera mort ; son cadavre sera traîné dans les rues. Remarquez, Monsieur, que je ne suis ni ivre ni folle. »

Le capitaine des gardes entra chez le roi et l'instruisit du fait qui venait de lui être révélé.

« Quelle extravagance ! » dit le roi.

En apprenant la réponse du roi, cette femme ajouta :

« Je ne suis ni ivre ni folle ; au surplus, si l'on attentait aux jours du roi, la France et la postérité sauront l'avis que j'ai donné. Monsieur, vous aurez à répondre de ce qui peut arriver (1).»

Le capitaine des gardes parut touché de l'insistance singulière de cette femme, il supplia le roi de renoncer à son projet.

« Non, monsieur de Villeroy, pour le salut d'un seul je ne dois pas permettre que plusieurs soient en danger. J'ai promis d'aller à Paris, j'irai. Mon peuple sait que je l'aime, je me confie à lui. »

Dans la nuit du 16 au 17 le roi avait mis ordre à ses affaires ; une protestation contre tout ce à quoi il pourrait être contraint de souscrire, soit à Paris ou ailleurs, avait été remise par lui, en présence de la reine, à Monsieur, en même temps qu'il déléguait à ce dernier la lieutenance générale du royaume.

Quelques instants avant son départ, il s'était confessé et avait communié.

Pendant que ces préparatifs se faisaient, le

_______

(1) Huë, *Dernières années du règne de Louis XVI.*

comte d'Artois, les ducs d'Angoulême et de Berry, le prince de Condé, le duc de Bourbon et le duc d'Enghien allèrent chercher à l'étranger une sécurité qui leur était désormais refusée sur le sol de la patrie.

A onze heures le roi monta en voiture accompagné du duc de Villeroy, du duc de Villequier, du maréchal de Beauveau, du marquis de Nesle et du comte d'Estaing.

La milice bourgeoise de Versailles, à peine armée, les vêtements en guenille, accompagnait le roi.

Bailly, en qui se trouvaient réunies, depuis la mort de Flesselle, les deux dignités de maire de Paris et de prévôt des marchands, s'était rendu à la tête du corps municipal jusqu'à la barrière de Chaillot, pour recevoir le roi.

Dès que Sa Majesté parut, Bailly s'avança au devant d'elle et lui offrit sur un plat d'or les clefs de la capitale.

« Sire, dit-il, j'apporte à Votre Majesté les clefs de sa bonne ville de Paris. Ce sont les mêmes qui furent présentées à votre illustre aïeul Henri IV. Il avait reconquis son peuple et aujourd'hui le peuple a reconquis son roi. »

A quatre heures, la voiture du roi arrive à

l'hôtel de ville, escortée des vainqueurs de la Bastille que commande Lafayette, récemment nommé général en chef de toutes les gardes nationales de France. Cette foule belliqueuse paraît encore ivre de son triomphe du 14.

Le roi ayant mis pied à terre au bas du grand escalier, dut, pour le monter, passer sous une voûte de piques croisées sur sa tête. C'étaient les *Fourches caudines* de la monarchie.

Parvenu dans la grande salle, quelques larmes mouillèrent ses yeux, il ne put que prononcer ces admirables paroles : « Mon peuple peut toujours compter sur mon amour. »

Après que Lally-Tollendal l'eut harangué dans un langage où se reflétaient toutes les passions politiques de ces temps orageux, Bailly lui présenta la cocarde aux trois couleurs.

Il dut être pénible à Louis XVI de se parer de cet emblème qui jusqu'alors n'avait eu qu'une destinée presque factieuse ; cependant il l'accepta devant le peuple. C'était approuver tout ce qu'avait fait ce même peuple et reconnaître officiellement la Révolution.

Après avoir confirmé Lafayette et Bailly dans les nouvelles fonctions que le peuple leur avait conférées, il retourna à Versailles où il fut accueilli avec transport.

A peine le roi a-t-il quitté Paris, que des bruits perfides suspectant ses intentions, et semés habilement, détruisent en un clin d'œil la confiance que sa présence avait réveillée dans les cœurs.

Depuis le 14 juillet, l'autorité royale était méconnue dans les provinces du royaume. La cherté des grains, comme un vent furieux, soufflait sur le peuple, désormais à l'abri de l'action des lois, les plus criminelles pensées excitées encore par de vieux ressentiments contre la noblesse. Des actes de brigandage, d'assassinats et d'incendie, signalèrent à jamais à la postérité épouvantée ces jours de licence et de calamités publiques.

A Versailles, l'Assemblée marchait à grands pas à la consommation de l'usurpation qu'elle méditait. Le roi n'était plus pour elle qu'un faible roseau qu'à la première résistance elle se proposait de briser.

En attendant, elle savourait orgueilleusement l'encens que quelques corps de l'ordre des fonctionnaires de l'État venaient lui offrir servilement à sa barre.

Les meneurs révolutionnaires, certains d'être appuyés par l'Assemblée dans l'accomplissement de leurs projets sanguinaires, ne gardaient plus de mesure, et avaient jeté le masque.

Le duc d'Orléans, qui, selon l'expression que Sénart prête à Lafayette, ne devait prendre la couronne « que la main gantée comme un bourreau, » travaillait de son côté à l'accomplissement de son œuvre infâme.

Cependant Foulon avait été arrêté à Viry-sur-Orge, aux environs de Fontainebleau, et dirigé sur Paris. Cet ancien directeur des subsistances pouvait avoir des fautes à se reprocher, mais devaient-elles lui valoir la mort odieuse qu'il subit ? Il fut, au mépris des lois les plus saintes de la justice et de l'humanité, pendu à un réverbère. Voici comment un auteur rapporte la mort de Berthier, gendre de Foulon, qui fut arrêté dans le même temps.

Celui-ci, après être tombé en défendant sa vie, « ..... est abandonné au peuple : mille bras se précipitent sur lui, il est percé de coups. Un homme plonge ses mains dans les entrailles de Berthier, va y chercher son cœur encore vivant, l'arrache, monte à l'hôtel de ville, entre dans la chambre du comité, et les yeux égarés, les mains fumantes, il leur présente cette offrande abominable.

« Le corps de Berthier est coupé par morceaux, on se dispute ses chairs ; les uns s'emparent de la tête, la mettent au bout d'une pique, d'autres portent son cœur sur un long coutelas. Ils partent aux acclamations de la multitude, parcourent les rues de Paris, arrivent enfin au Palais-Royal. Là, les yeux avides se repaissent à loisir : mais bientôt un monstre à face humaine convoite ces restes sanglants et les dévore avec un sentiment d'appétit (1). »

L'Assemblée intervint-elle pour arrêter ces sanglants désordres qu'avaient fomentés les sicaires de ses principaux membres ? Non, elle attendit qu'ils s'apaisassent d'eux-mêmes ; après quoi elle invita par une adresse le peuple français à *maintenir l'ordre et la tranquillité.*

Necker venait d'être rappelé ; mais dans l'intervalle de son départ à son retour les choses avaient tellement marché, que d'une apparente nécessité qu'il était alors, il était devenu un pis-aller impossible. Bien que sa marche jusqu'à Paris ressemblât à celle d'un triomphateur, il

(1) Ferrières, *Mémoires.*

n'eut pas plutôt repris le timon du vaisseau monarchique, qu'il vit bien que ses forces seraient insuffisantes pour le dégager des écueils qui l'entouraient.

M. de Bezenval, que sa fermeté et sa fidélité à faire son devoir de soldat avaient compromis dans les premiers troubles de Paris, était détenu au Châtelet. Necker, plutôt par calcul que par compassion pour l'infortune imméritée de son compatriote, demanda la grâce de ce prisonnier aux électeurs de Paris qui avaient l'air de fêter son retour aux affaires. Cette grâce fut accordée; mais le jour même le comité, revenant par un biais hypocrite sur ce qu'il avait décidé, déclara : que ne jouissant pas du *droit de rémission*, il était forcé d'annuler l'ordre de mise en liberté qu'il avait signé. L'assemblée, enchérissant sur cette détermination, décréta que M. de Bezenval et les autres prétendus conspirateurs seraient jugés.

Necker, humilié, garda rancune aux révolutionnaires, et ceux-ci ne tardèrent pas à entraver ses projets et à préparer sa chute.

Le 4 août, dans sa séance de nuit, l'Assemblée abolit la féodalité, entraînée par la chaleureuse improvisation du beau-frère de Lafayette, le vicomte de Noailles.

Jusqu'à ce jour, le flot révolutionnaire, malgré ses mugissements sinistres, à encore été contenu, n'a encore rien enlevé d'essentiel à la monarchie ; pour être inclinée, elle n'est pas abattue, un peu de vigueur peut lui rendre son premier équilibre ; après ce grand événement qui la désarticula, sa chute fut certaine, malgré le titre illusoire de restaurateur de la liberté, que l'Assemblée venait de décerner à l'infortuné Louis XVI.

Le peuple, redoutant les machinations du parti de la cour et l'effet des démarches du comte d'Artois à l'étranger, se livra à des violences sans nom.

La France, jadis laborieuse, ne fut plus couverte que de vagabonds armés levant hardiment des contributions sur le riche, qui devait se trouver heureux quand avec sa fortune on ne lui enlevait pas la vie.

Les châteaux, les couvents, furent brûlés ou dévastés. Dans le Midi et l'Auvergne, des bandes incendiaires marquaient leurs ravages par des monceaux de ruines et des assassinats.

Au milieu de ce craquement épouvantable d'une société agonisante qui doit être rajeunie, comme ce personnage de la fable, par l'horrible décapitation, la déclaration des droits est soumise à la sanction du roi, qui l'approuve. Mais l'émeute recommence à hurler de sa voix lamentable au sein de la capitale. La *faim* est le prétexte, et le duc d'Orléans l'âme de ce nouveau soulèvement.

« Des femmes échevelées, des hommes ivres, dit M. de Falloux, ouvrent le cortége qui va grossissant à travers les faubourgs ; les meneurs, armés de haches, se mêlent aux rangs de la garde nationale et entourent M. de Lafayette, qui est contraint de les conduire à Versailles.

« Une députation de femmes pénètre chez le roi ; elles le trouvent debout, le regard calme et le maintien assuré. « Que voulez-vous ? dit-il. — Du pain, » répondent quelques voix glacées par l'étonnement et peut-être par le respect. Louise Chabry, chargée de prendre la parole, balbutie quelques mots sur la misère du peuple et semble prête à perdre connaissance. Le roi se tourne vers elle avec bonté : « Mes amis, dit-il, si vous êtes malheureux, ce n'est pas ma faute ; je le suis plus que vous. Je vais donner des ordres pour que l'on conduise, de Senlis et de Lagny, des farines à Paris. Puissent-ils mieux être écoutés que ceux que j'ai donnés jusqu'à ce jour ! » Il parle à tous le même langage, et ces bouches, stipendiées pour le maudire, laissent échapper des sanglots et des bénédictions. Cette avant-garde désarmée redescend sur la place, en criant : Vive le roi ! A ce cri imprévu répondent des cris de fureur. Louise Chabry allait être pendue à la lanterne si quelques gardes du corps, fendant la foule, ne l'avaient arrachée aux assassins.

« Ces hordes bivaquèrent, dans la nuit du 5 au 6 octobre, sous des hangars, dans les églises, sur les bancs de l'Assemblée nationale (1). »

Pendant que Lafayette, qui se trouve être sans le savoir complice du crime odieux dont le duc d'Orléans a préparé l'exécution, décide l'Assemblée à lever la séance pour prendre un peu de repos, ajoutant qu'il répond de tout, les stipendiés du duc préparent leur exécrable attentat.

« A six heures, des femmes et des hommes armés se rassemblent sur la place. Des tambours les rappellent ; ils se rallient à un étendard semé de flammes rouges et bleues. D'abord cette

(1) De Falloux, *Louis XVI*.

multitude s'agite en tous sens ; elle se divise ensuite en plusieurs colonnes, comme si elle avait
obéi à différents chefs. Des cris de fureur contre
les gardes du corps (1) se font entendre. Une
des colonnes se présente à la grille royale, elle
était fermée. Une autre colonne pénètre par la
grille de la chapelle qu'elle trouve ouverte ; un
garde national de la milice de Versailles la guide
vers l'escalier du roi. Miomandre de Sainte-Marie
et quelques gardes du corps y courent : « Mes
amis, s'écrie Miomandre, vous aimez votre roi,
et vous venez l'inquiéter jusque dans son palais ! » Personne ne répond. La colonne continue d'avancer. Les gardes du corps se ren-
forcent dans leur salle ; bientôt les portes sont
rompues, ils se voient contraints de l'abandonner.
Les conjurés se portent à l'appartement de la
reine, en disant : « Nous voulons couper sa tête,

(1) Dans un repas donné par la cour au régiment *de
Flandres* quelques jours avant, et auquel assistaient les
gardes du corps, la calomnie avait répandu le bruit qu'on
avait foulé aux pieds la cocarde nationale. Le parti d'Orléans, s'emparant habilement de cette arme, ameuta tous
les districts de Paris, et causa ainsi tous les malheurs
qui éclatèrent au 6 octobre. Le parti n'eut qu'un regret,
celui de n'avoir pas réussi à faire égorger le roi et la
reine dans cette sanglante journée.

arracher son cœur, fricasser ses foies, et cela ne finira pas là ! »

« Miomandre vole à la porte de la première antichambre, l'ouvre précipitamment, crie à une dame qu'il aperçoit : « Sauvez la reine, on en veut à ses jours ! Je suis seul contre deux mille tigres, mes camarades ont été obligés de quitter la salle. »

« Miomandre, après ce peu de mots, attend courageusement les conjurés. Un d'eux lui porte un coup de pique, Miomandre le pare. Un second prend la pique par le fer, lui décharge un coup qui le renverse. « Reculez-vous, » dit le même garde national qui marchait à la tête de la colonne. La foule s'écarte.

« Cet homme prend la mesure de la tête de Miomandre avec la crosse de son fusil, lui en donne un coup de toutes ses forces ; le chien entre dans le crâne : Miomandre, baigné dans son sang, est laissé pour mort... Les conjurés, maîtres de la salle des gardes, brisent, enfoncent les portes de l'appartement de la reine, pénètrent dans sa chambre à coucher, s'avancent jusqu'à son lit, le percent de plusieurs coups de pique.

« S'apercevant que la reine s'est sauvée, ils se jettent dans l'antichambre du roi, attaquent la porte de l'Œil-de-Bœuf. Les gardes du corps, re-

tranchés avec des tables et des tabourets, ne pouvaient tenir longtemps ; déjà les panneaux, frappés à coups redoublés, volaient en éclats : le duc
d'Orléans allait jouir du fruit de ses crimes. Les
grenadiers des anciens gardes françaises accou-
rent, chassent les conjurés des postes intérieurs.

« Tandis que les conjurés, maîtres du château,
en inondent les appartements, des hommes ha-
billés en femme répandent parmi le peuple que
M. de Lafayette est un traître, qu'il faut s'en dé-
faire.

« Un des principaux conjurés, revêtu d'un
habit d'officier de la garde nationale, une croix de
Malte à la boutonnière, recommande à une troupe
d'hommes et de femmes qui se pressent autour
de lui et auxquels il glisse de l'argent, de ne
respecter que M. le dauphin et monseigneur le
duc d'Orléans. « Il faut avoir la tête de la reine
et de M. de Lafayette. Lafayette est un traître ;
il n'est parti de Paris que malgré lui et très-tard.
Etant au pont Louis XV, il s'est écrié : « Est-il
possible que je trahisse mon roi ! » A ce discours, un homme d'une figure affreuse, déguisé
en femme, montre une espèce de faucille et jure
que ce sera lui qui coupera la tête à cette gueuse.
Les femmes applaudissent, assurent que ce mon-

sieur a raison, qu'ils veulent avoir le duc d'Orléans sur le trône et tuer M. de Lafayette ; qu'on
leur a donné de l'argent pour cela.

« La place d'Armes et les cours du château of-
frent un tableau encore plus hideux des fureurs
populaires. Des troupes de femmes et d'hommes,
armés de piques et de fusils, poussaient de tous
côtés les gardes du corps. MM. des Huttes et de
Varicourt sont amenés à la grille royale ; on les
couche par terre, un homme à grande barbe leur
coupe la tête avec une hache (1).

« Alors une joie barbare éclate parmi cette
horde sauvage : les uns trempent leurs mains
dans le sang des deux gardes égorgés, s'en frot-
tent le visage ; d'autres dansent en chantant autour de leurs cadavres. Quelques hommes pro-
posent d'aller canonner l'hôtel des gardes du
corps. « Non, répond le plus gand nombre, il
vaut mieux les pendre, ce sera plus amusant. »
Tous se dispersent et courent à la chasse des
gardes du corps, comme à la chasse d'un gibier.
Plus de trente gardes, saisis dans différents endroits, sont conduits sur la place d'Armes ; on se

(1) Selon Bertrand de Malleville, ce misérable s'appelait Jourdan.

prépare à les immoler ; l'homme à la grande barbe brandit sa hache dégouttante de sang et appelle à haute voix des victimes... Lafayette arrive avec une compagnie de grenadiers ; il est indigné du spectacle qui s'offre à ses yeux : « Grenadiers, j'ai donné ma parole au roi qu'il ne serait fait aucun mal à MM. les gardes du corps ; si vous me faites manquer à ma parole d'honneur, je ne suis plus digne d'être votre général, et je vous abandonne : sabrez ! »

« Les grenadiers fondent sur cette troupe d'assassins et leur arrachent leur proie (1). »

Mais la foule dispersée se réunit de nouveau et demande que la reine paraisse au balcon, seule.

Marie-Antoinette hésite un instant, puis, bravant la conséquence de l'exigence populaire, elle s'y présente fière et dédaigneuse ; un conjuré la couche en joue, mais il n'ose accomplir son crime tout à fait. Bientôt un nouveau mot d'ordre circule dans les rangs : « Le roi à Paris !... le roi à Paris ! » exclame la foule.

Le roi se rend aux vœux des conjurés, et obtient que les gardes du corps seront épargnés.

Mais le parti des orléanistes de l'Assemblée,

_______

(1) Ferrières, *Mémoires.*

composé de Mirabeau, de Barnave, de Chapelier et des Lameth, fait envoyer au roi une députation porteuse d'un décret déclarant que, pendant la session ouverte, le roi était inséparable de l'Assemblée.

Le roi parut touché de cette preuve de sollicitude ; puis, ainsi que s'y attendaient bien les auteurs de cette comédie, il déclara qu'il irait à Paris, mais qu'il donnerait des ordres pour que l'Assemblée pût y continuer ses travaux.

Mirabeau, en apprenant cette réponse, demanda : que la relation de cette grande journée qui établit la concorde soit envoyée à tout le peuple des provinces, ne pouvant manquer de calmer son effervescence.

« Les têtes de MM. des Huttes et de Varicourt, portées au haut de deux piques, ouvraient la marche. Suivaient quarante à cinquante gardes du corps à pied, sans armes, escortés d'une troupe d'hommes armés de haches et de piques. Venaient ensuite deux gardes du corps en bottes, blessés au cou, la chemise ensanglantée, les vêtements déchirés, tenus par deux hommes en uniforme national, l'épée nue à la main.

« On voyait plus loin un groupe de gardes du corps à cheval, les uns en croupe, les autres sur

la selle, ayant un garde national monté derrière eux et entourés d'hommes et de femmes qui
les forçaient de crier : *Vive la nation !* de boire
et de manger avec eux.

« Une multitude, mélange confus d'hommes à
piques, de cent-suisses, de soldats du régiment
de Flandre, de femmes couvertes de cocardes
tricolores, portant des branches de peuplier,
d'autres femmes assises à califourchon sur des
canons, précédaient et suivaient les carrosses du
roi. Tous les fusils ornés de feuilles de chêne en
signe de victoire, un feu roulant de mousqueterie, des cris : *Nous amenons le boulanger, la
boulangère et le petit mitron,* auxquels succé-
daient des injures grossières à la reine, des menaces contre les prêtres et les nobles, tel fut le
cortége insultant et barbare au milieu duquel le
roi, la reine et la famille royale arrivèrent à l'hôtel
de ville de Paris (1). »

Ce fut encore Bailly qui reçut le roi.

Au compliment que ce magistrat fit au malheureux monarque, Louis XVI répondit : « C'est toujours avec plaisir et avec confiance que je me
trouve au milieu de ma bonne ville de Paris. »

(1) Ferrières, *Mémoires,* livre IV, page 341.

Bailly répéta ces paroles au peuple, qui les applaudit.

Le 7 octobre au matin, les mêmes femmes qui
avaient donné à Versailles le spectacle de leurs
vices et de leurs fureurs couvrirent la terrasse du
château sous les fenêtres de la reine, et demandèrent à la voir. Ce fut en entendant le bruit de cet
attroupement que le jeune dauphin se jeta avec
effroi dans les bras de sa mère et s'écria : « Bon
Dieu ! maman, est-ce qu'aujourd'hui sera encore
hier ? » La reine se montra. La plus hardie de la
troupe, d'un ton de protection bienveillante, lui
dit qu'il fallait maintenant qu'elle éloignât tous
ces courtisans qui perdaient le roi, et qu'elle
aimât les habitants de sa bonne ville. « Je les
aimais à Versailles, » répondit Marie-Antoinette,
« je les aimerai de même à Paris. — Oui, oui, » dit
une autre femme ; « mais au 14 juillet vous vou-
liez assiéger la ville et la faire bombarder, et au
6 octobre vous deviez vous enfuir aux frontières.
— On vous l'a dit, » répliqua doucement la
reine, « et vous l'avez cru ; c'est là ce qui fait le
malheur du peuple et celui du meilleur des rois. »
Une troisième femme lui adressa quelques mots
en allemand ; la reine lui dit qu'elle ne le com-
prenait plus, qu'elle était si bien devenue Fran-

çaise qu'elle avait même oublié sa langue na-
turelle. Des bravos et des battements de mains
retentirent. Les femmes demandèrent alors à
Marie-Antoinette de faire un pacte avec elles.
« Eh ! comment, » reprit la reine, « puis-je faire
un pacte avec vous, puisque vous ne croyez pas
à celui que mes devoirs me dictent et que je dois
respecter pour mon propre bonheur ? » Elles la
prièrent de leur donner les rubans et les fleurs
de son chapeau ; la reine les détacha elle-même
et les leur donna. Toute la troupe se partagea
ces fleurs et ces rubans, et, pendant plus d'une
demi-heure, ne cessa de crier : « Vive Marie-Antoinette ! vive notre bonne reine ! »

On cite encore une belle parole de la reine. Interrogée sur les insultes qu'elle avait subies, elle
répondit : « J'ai tout vu, tout entendu et tout oublié. »

Il n'y a rien de meilleur comme il n'y a rien
de plus féroce que le peuple ; la même heure le
voit passer aux sentiments les plus divers et les
plus extrêmes, parce qu'il ne sait rien. Ce ne sont
pas des idées et des opinions qui le poussent ; ce
sont des impressions et les impressions qu'on
lui donne. Le peuple n'est terrible que par son
ignorance. Louis XVI, dont l'air de bonté ne lais-

sait personne indifférent ; Marie-Antoinette, avec *sa dignité plus qu'humaine et sa grâce presque divine*, ne se montrèrent jamais à la multitude sans dissiper des préventions. Mais de coupables inspirations travaillaient de nouveau la multitude, et le vent soulevait de nouveau la vivante mer (1).

---

# CHAPITRE III

L'Assemblée nationale à Paris. — Assassinat du boulanger François. — Publication de la Loi martiale. — Le clergé spolié de ses biens. — Nouvelle division de la France. — Des assignats. — Abolition de la noblesse héréditaire.

Un grand nombre de démissions furent données à l'Assemblée, à la suite des événements des 5 et 6 octobre ; mais bientôt un décret vint arrêter ces désertions déguisées.

Lafayette, qui a pu pénétrer enfin l'odieuse intrigue qu'il a si fatalement dirigée, s'en explique en particulier avec le duc d'Orléans, et exige de celui-ci qu'il quitte le royaume.

(1) Poujoulat, *Histoire de la Révolution*.

Le 12 octobre, l'Assemblée ouvre ses séances à l'archevêché de Paris, et fait garder sa nouvelle retraite par cinq cents hommes armés.

François, boulanger, accusé de cacher des pains, est pendu en place de Grève par la populace. Ces horribles scènes font enfin sentir à l'Assemblée la nécessité de les réprimer. La loi martiale, combattue par Robespierre, que venait d'élire pour un de ses députés l'Artois, passe à une forte majorité et est promulguée le 21.

Le 2 novembre, le clergé de France est spolié de ses propriétés, sous le fallacieux prétexte que ce corps, ne pouvant aliéner ni transmettre ses propriétés, ne pouvait, en conséquence, être considéré comme véritable propriétaire.

En vain le courageux abbé Maury s'écrie : « Vous voulez donc plonger deux cent mille individus dans l'indigence? » la mesure fatale est adoptée.

Le 3, la dissolution de tous les Parlements de la France est prononcée. La cour, remise de ses frayeurs, cherche à se faire un parti dans l'Assemblée; Lafayette est gagné, et, tout en désagrégeant le parti d'Orléans dont le chef est en fuite, elle essaye et réussit à s'en attacher les principaux membres, entre autres Mirabeau, dont la vénalité égalait si elle ne dépassait le génie.

Le 17 janvier 1790, la France est divisée en quatre-vingt-trois départements, les départements en districts, et ceux-ci en paroisses, qui prennent le nom de communes.

Par suite de la nouvelle organisation à adapter à ce système, le roi se trouve dépouillé, au profit d'une foule ignorante, stupide, de l'importante prérogative de nommer aux emplois.

Les révolutionnaires le savaient. Le 4 février, le roi, poussé par les événements, donne une adhésion éclatante à la nouvelle constitution politique élaborée par l'Assemblée; il jure de respecter cette constitution.

« Je maintiendrai, dit-il, la liberté constitutionnelle, dont le vœu général, d'accord avec le mien, a consacré le principe. »

Cette imprudente démarche fut un garrot de plus, que le roi, dans sa sainte et pure confiance, se trouva avoir ajouté aux pieds de la monarchie; désormais il se voyait obligé, ou de s'associer aux violences des révolutionnaires, ou de tomber sous leurs coups.

L'armée, soumise à de nouveaux règlements,

est habilement intéressée à la conservation de l'Assemblée.

Cependant les finances étaient loin d'être plus prospères qu'à l'ouverture des états généraux ; Necker vint lire à l'Assemblée un long Mémoire où il dépeignait, avec une certaine énergie, l'apparition prochaine de calamités insurmontables, qu'il ne se sentait pas assez fort pour repousser. Mirabeau, qui avait longtemps jalousé la popularité dont avait joui ce ministre, maltraita fort ses idées, tout en ménageant sa personne. Necker, outré, reprocha à l'Assemblée son indifférence.

Le lendemain, on annonça que Necker se retirait du ministère pour raison de santé.

L'émission de 400 millions d'assignats-monnaie, hypothéqués sur les biens de l'Eglise, est déclarée le 17 avril.

A quoi servirent, en réalité, ces immenses ressources ? A donner des forces à la révolution et en soutirer à la monarchie, à laquelle elles avaient l'air d'en apporter.

Cependant, dans sa séance du 22 mai, l'Assemblée, entraînée par l'éloquence de Mirabeau, qui s'était donné tout entier, à la cour, accorde au monarque le droit de faire la paix et de déclarer la guerre.

Necker ne tarda pas à se venger de l'opposition amère que lui avait faite Mirabeau dans le sein de l'Assemblée ; d'accord avec les députés les plus exaltés, il fit publier le *Livre rouge* (1).

La publication de cet infâme libelle, dans lequel était consignée l'immoralité de Mirabeau, attéra celui-ci, en même temps qu'elle enleva à la monarchie la dernière arme qui ne fût pas encore tout à fait rompue dans ses mains, c'est-à-dire le prestige de son antique et glorieuse origine.

Les domaines de la couronne sont déclarés propriétés nationales. Désormais, Louis XVI ne tient plus son droit de Dieu ni de ses aïeux, mais du peuple ; ce n'est plus qu'un fonctionnaire, un salarié !

L'empiétement du pouvoir populaire ne s'en tint pas là : les pouvoirs judiciaires, transformés, passent sous sa domination. Désormais; lui seul est appelé à leur conférer leur emploi par l'élection.

Les évêques, les curés, sont placés sous le même régime, par un décret du 7 juin. Par

(1) Ferrières.

suite, les chapitres de cathédrales sont supprimés.

Cette mesure impie, œuvre du matérialisme le plus grossier, insultait à Jésus-Christ, dont elle anéantissait les ordres vénérés, violait les textes sacrés des conciles et cet antique précepte disciplinaire de l'Eglise, qui veut que les évêques ne puissent *être destitués que par ceux qui les ont institués*. Mais, comme nous l'avons dit, par ses intrigues, ses machinations et ses crimes, la révolution avait assuré l'impunité à ses attentats. Pour les continuer dignement, le 17 juin, à la suite de la réception, par l'Assemblée, d'une mascarade d'individus se prétendant députés de toutes les nations, la noblesse héréditaire est abolie.

## CHAPITRE IV.

Fédération du 25 juillet. — Décret imposant aux ecclésiastiques le serment constitutionnel. — Fermeture du club monarchique. — Journée du 28 février 1791. — Mort de Mirabeau.

Les révolutionnaires de l'Assemblée, avant d'aller plus avant, songèrent à faire sanctionner par la nation toutes les iniquités qu'ils venaient de commettre en son nom, iniquités relatées dans la nouvelle Constitution.

En conséquence, ils décrétèrent que chaque canton nommerait six députés, lesquels, munis de pouvoirs spéciaux, viendraient, à Paris, jurer au nom de leurs commettants fidélité à la Constitution.

Le duc d'Orléans, sentant sans doute que le moment était favorable pour reparaître, ne tarda pas à quitter l'Angleterre et à rentrer en France. Biron, son ami, afin de le mettre plus à l'aise, osa faire publiquement l'apologie de la conduite de ce prince pendant la journée du 6 octobre.

L'importante cérémonie de la fédération est fixée au 14 juillet 1790, jour anniversaire de la prise de la Bastille.

Douze mille travailleurs sont occupés à préparer le Champ-de-Mars, lieu choisi par l'Assemblée pour être le théâtre où elle doit recueillir de la France aveuglée le prix de ses exécrables forfaits. Ces nombreux ouvriers sont bientôt aidés dans leur besogne par une foule de citoyens de tous âges et de toutes conditions. Le Champ-de-Mars est transformé en un cirque immense autour duquel se développent des gradins circulaires faits de gazon. Au centre est un autel ; puis, un amphithéâtre destiné au roi, à la famille royale et au corps diplomatique.

Enfin, le 14 arrive ; les fédérés, divisés en quatre-vingt-trois petits corps ayant chacun une bannière à leur tête, partent de la Bastille.

La troupe de ligne, l'armée de mer et la milice parisienne que commande Lafayette les entourent fraternellement.

Derrière eux viennent les sections de Paris, ce contingent permanent de l'émeute.

Des chœurs de voix humaines soutenus d'une brillante et nombreuse musique les précèdent.

Pendant le parcours de la Bastille au Champ-de-Mars, ce ne sont que cris de joie, que manifestations enthousiastes. Les fenêtres sont garnies de jeunes femmes, de familles entières, curieusement penchées au dehors. Les uns agitent des drapeaux, des cocardes ; d'autres adressent des félicitations aux fédérés. L'Assemblée nationale joint le cortége au pont Louis XV et contribue encore à rendre plus solennelle et plus grandiose l'aspect pittoresque de cette longue procession.

Arrivés au Champ-de-Mars, les fédérés se livrent à des danses bizarres. La foule bruyante et joyeuse, malgré une pluie diluvienne, applaudit à ces farandoles, et marque la mesure par des claquements de main. Enfin les danses cessent. Trois cents prêtres portant des aubes blanches entourent l'évêque d'Autun qui monte à l'autel et commence la messe. Aussitôt qu'elle est terminée, il entonne le *Te Deum* qu'achèvent les voix de la foule et douze cents musiciens. Quarante pièces de canon mêlent leurs majestueuses détonations au chant divin.

Alors commence la prestation de ce serment qui devait faire autant de parjures de tous ceux qui étaient appelés à le prononcer.

Lafayette, accompagné d'un brillant état-major et d'officiers de marine, monte le premier à l'autel, puis, étendant la main, jure. Cette formule est répétée par la foule et le président de l'Assemblée nationale.

Le roi se lève et d'une voix ferme dit : « Moi, roi des Français, je jure d'employer le pouvoir que m'a délégué l'acte constitutionnel à maintenir la Constitution décrétée par l'Assemblée et acceptée par moi. »

Marie-Antoinette, qui est mère avant d'être reine, saisit le Dauphin dans ses bras et le présentant au peuple : « Voilà mon fils, il se réunit ainsi que moi dans ces sentiments. »

Soit que le peuple eût compris cet élan d'amour maternel, ou qu'il fût disposé ce jour-là à se montrer libéral, il applaudit au beau mouvement de la fille de Marie-Thérèse.

Telle fut la fête officielle de la Fédération.

Celui qui gagna le plus à cette imposante manifestation, ce fut le roi. Les fédérés francs et ouverts ne cachèrent pas à la fête que leur donna, quelques jours après celle du 14, la municipalité parisienne, les sentiments d'amour et de respect que Louis XVI et sa famille leur avaient inspirés.

C'en fut assez pour qu'on hâtât leur départ. Les révolutionnaires furent cruellement froissés des marques de déférence et des témoignages d'affection qu'avait recueillis le roi, ils s'en vengèrent en disant hautement que le peuple n'était pas encore mûr pour la liberté.

La contre-révolution lève imprudemment la tête, dans le Midi; des luttes sanglantes ont lieu à Aix, à Béziers et à Marseille.

Le club des Jacobins, pépinière d'énergumènes et de fanatiques altérés de sang, établit des affiliations sur tous les points de la France. Chacune de ces taupinières écarlates a pour mission de simuler des complots imaginaires contre les droits du peuple, de parler d'invasion étrangère, de vomir des injures contre les nobles, de calomnier les intentions du roi, en un mot, de tenir toujours en éveil tous les mauvais instincts, afin de les avoir toujours prêts à obéir sous la main.

Necker abandonne définitivement le ministère.

Le désordre était à l'état latent et n'attendait qu'une occasion pour éclater. Le duc d'Orléans cherche, ainsi que Mirabeau, à se justifier devant l'Assemblée de l'accusation portée contre eux à propos du massacre du 6 octobre.

Des négociations sont ouvertes avec la cour de Rome, touchant le décret qui transporte la nomination des évêques au peuple ; le saint Père ne décide rien.

Le 27 novembre, l'Assemblée impose à tous les membres du clergé, de jurer d'être fidèles à la nation, à la loi, au roi et de maintenir la constitution.

Ceux qui se refuseraient à cette insultante formalité devaient être dépouillés de leur évêché et remplacés par de nouveaux évêques

Le roi pouvait apposer son *veto* à ce décret, mais la sûreté de sa famille et la sienne propre le poussèrent à consentir à sa promulgation.

Le 1er janvier 1791 est le jour fixé pour la prestation du serment.

A l'ouverture de la séance, l'abbé Maury monte à la tribune. Sa parole est une courageuse protestation contre un aussi odieux abus de pouvoir; mais sa voix est couverte par des clameurs calculées.

On procède à l'appel nominal pendant que l'émeute hurle au dehors : « A la lanterne ceux qui refuseront ! » et que les révolutionnaires se livrent à des rires indécents.

A l'appel de son nom, l'évêque d'Agen répond avec une douceur admirable : « Je suis fâché, messieurs, de ne pouvoir faire ce que vous exigez de moi. Je ne donne aucun regret à ma place, aucun regret à ma fortune, j'en donnerais à la perte de votre estime que je veux mériter. » L'abbé Leclerc et une foule d'autres prélats se résignent et protestent contre la violence morale dont leur caractère est victime.

M. de Beaupoil, prélat vénérable, s'avance à la tribune ; chacun s'attend à une adhésion : « Messieurs, dit-il, j'ai soixante-dix ans, j'en ai passé trente-cinq dans l'épiscopat, où j'ai tâché de faire tout le bien que je pouvais faire. Accablé d'années et d'infirmités, je ne veux pas déshonorer ma vieillesse... » Des cris de fureur couvrent les dernières paroles de l'auguste vieillard.

Quatre évêques seulement se soumirent au décret.

Mais les partis s'observent avec plus de vigilance que jamais, la situation se tend de plus en plus. Les révolutionnaires font fermer le *club monarchique.* La haine, à force d'être contenue et déguisée, commence à fermenter dans les têtes. Les prêtres assermentés tonnent contre les *non jureurs*, soufflent au peuple tout le fanatisme qui les dévore, et poussent à de nouveaux crimes.

Les tantes du roi quittent Paris le 19 février et partent pour Rome ; le désir de recevoir la communion des mains du vicaire de Jésus-Christ est le but de ce pieux voyage à propos duquel les révolutionnaires né tardèrent pas à jeter les hauts cris.

Le roi écrivit à l'Assemblée que chacun étant libre d'aller où il voulait, il n'avait pas cru devoir mettre d'obstacle au départ de ses parentes. Cette raison fut mal accueillie de l'Assemblée, qui fit arrêter Mesdames à Arnay-le-Duc ; cependant elles furent relâchées et purent continuer leur voyage.

Pâques approchait, le roi se prépara dignement à recevoir le corps de Jésus-Christ. Mais les Jacobins ayant appris que le confesseur du roi était non assermenté, se répandirent en menaces et en imprécations contre le malheureux monarque, et le dénoncèrent à l'Assemblée qui n'osa cependant rien entreprendre.

Pendant que l'Assemblée entravait le voyage du roi à Saint-Cloud, et décidait qu'elle ne serait pas renouvelée par l'élection, les puissances étrangères, émues au récit des émigrés, préparaient une intervention à main armée pour rendre au monarque français son indépendance.

C'est de Worms, séjour du prince de Condé, que partait l'impulsion de ce mouvement qui devait un jour être contenu par les armées de la Convention, mais qui, en attendant, poussait les révolutionnaires à surveiller les moindres actions de Louis XVI, et à se montrer envers lui d'une défiance révoltante.

Mirabeau, dont les excès de tous genres commençaient à altérer la santé, résistait vaillamment aux révolutionnaires qui voulaient à tout prix atteindre l'émigration. Mais ce devait être la dernière lutte du grand tribun, il mourut le 2 avr l 1791. L'Assemblée décréta qu'elle porterait son deuil pendant huit jours.

Le peuple, qui l'avait toujours aimé, donna le spectacle de la plus vive douleur à la nouvelle de sa mort.

L'Assemblée décida que ses restes seraient transportés au Panthéon ; mais en 1793, après la publication des papiers trouvés dans l'*armoire de fer*, la Convention les fit enlever et la populace les dispersa. Quelques jours avant sa mort, il dit ces paroles remarquables et prophétiques : « J'emporte dans mon cœur le deuil de la monarchie ; les factieux vont en disperser les débris. »

---

## CHAPITRE V.

Départ du roi. — Son arrestation à Varennes. — Son retour à Paris. — L'Assemblée législative. — Le camp de vingt mille hommes. — Le 20 juin. — Journée du 10 août.

La position du roi devenait de plus en plus insupportable ; c'est en vain qu'il avait demandé à l'Assemblée de laisser au moins croire au peuple qu'il était libre, celle-ci, ne tenant nul compte de cette prière, continua à raccourcir la chaîne du monarque.

Des serviteurs dévoués proposèrent à Louis XVI d'échapper à cette dégradante servitude par la fuite. Il accepta, et le 21 juin il partit, suivi de sa famille. Montmédy est le terme du voyage. Vingt-deux heures après avoir quitté la capitale, le roi arrive à Varennes. Mais là, il n'y a point de poste aux chevaux.

« Etonné, dit Bouillé dans ses Mémoires, de ne voir ni les relais, ni deux personnes de confiance qui devaient l'y recevoir, ni les troupes qui devaient assurer son passage, Louis XVI fait arrêter sa voiture. Les deux gardes du corps déguisés qui sont sur le siége vont de porte en porte demander le relai. Ce relai a été placé à l'autre extrémité de la ville. La reine, elle-même, met pied à terre pour aller aux informations. A la fin, à force de promesses et de menaces, ils persuadent aux postillons de passer outre. La voiture est bientôt arrêtée sous une arcade, à une petite distance du pont, par huit à neuf hommes déterminés ; les gardes du corps veulent passer de force, mais le roi le leur défend ; Sa

Majesté est alors conduite dans une maison voisine, où elle est immédiatement reconnue. Les officiers municipaux s'y rendent sur-le-champ, et en un instant toutes les rues sont barricadées, les écuries des hussards environnées, la garde nationale sous les armes, et l'alarme répandue par le tocsin. Environ une heure après l'arrestation du roi, les deux officiers qui devaient le recevoir arrivent à Varennes. Ils demandent à lui parler; on le leur accorde. Sa Majesté leur dit de rester tranquilles et de ne point tenter de le délivrer par la force. Elle leur assure que j'aurais (Bouillé) sûrement le temps de venir à son secours; en outre, ajoute-t-elle, d'après la manière dont les membres de la municipalité m'ont parlé, j'ai lieu de croire qu'ils me laisseront continuer mon voyage. Un de ces officiers sort alors et, s'adressant aux hussards, il leur fait le commandement de *haut les armes*, et leur demande pour qui ils sont. Vive la nation ! s'écrièrent-ils tous. A l'instant un officier de la garde nationale se met à la tête de ces hussards. Vers les sept heures du matin (le 22), un aide de camp de Lafayette arrive, apportant l'ordre à la municipalité de faire retourner le roi à Paris. Un des officiers envoyés par Bouillé demande de nouveaux ordres, — elle répond une seconde fois : « Je suis prisonnier, en conséquence, je n'en puis donner aucun. »

Le roi fut ramené sans escorte à Paris. A peine est-il arrivé aux Tuileries, que Lafayette, désirant ôter aux révolutionnaires toutes craintes sur son zèle, le soumet à la plus étroite surveillance.

Le roi est suspendu de ses fonctions. Barnave, un des trois commissaires que l'Assemblée avait envoyés au devant de la famille royale, s'était épris durant le voyage d'un vive admiration pour une si grande infortune. Le 15 juillet, ce représentant fait conserver à Louis XVI son droit d'inviolabilité.

Marat et Danton rugissent de fureur contre l'Assemblée, la multitude les suit au Champ-de-Mars ; en peu de temps cette sédition prend des proportions inquiétantes. Bailly ordonne à Lafayette de la disperser, celui-ci n'y peut parvenir qu'en versant le sang.

Le 3 septembre, l'Assemblée rend enfin à Louis XVI l'ombre de pouvoir qu'il avait à son départ pour Varennes.

Quelques jours après, forcé par les événements, il adhère au pacte constitutionnel qui consomme sa ruine.

Le 30, a lieu la dernière séance de l'Assemblée dite Constituante.

Le 1er octobre 1791, l'Assemblée législative la remplace.

La Constituante creusa et chargea la mine ; la Législative y mit le feu. Nous verrons plus tard que la Convention souffla et activa l'incendie.

La Constituante n'avait que coupé les nerfs des bras à la monarchie, l'Assemblée législative la décapita, lui fossoya sa tombe et s'y roula teinte d'un sang pur et innocent.

Cette assemblée, issue des clubs qui souillaient la France à cette époque, commence par décréter que Louis XVI ne portera à l'avenir d'autres titres que celui de *roi des Français*. Ce début n'annonçait rien de bon.

Bailly rappelle en vain, à cette assemblée, que la révolution est consommée, que le peuple soupire après la paix. En vain le roi lui dit : « Que leur tâche est d'affermir le crédit public, d'assurer la liberté, de faire la France libre par le sentiment de son propre bonheur. »

Suivant l'impulsion destructive que l'élection lui a communiquée, elle marche à l'accomplissement de ses sanglants projets.

Le roi qui, à son retour de Varennes, avait désavoué hautement les armements que l'émigration faisait en son nom, n'en était pas moins soupçonné de correspondre avec Coblentz et Worms, ses quartiers généraux. Des mesures rigoureuses furent prises par l'Assemblée pour purger nos frontières de ces rassemblements.

En même temps que le roi notifiait aux puissances étrangères l'acceptation qu'il avait faite de l'acte constitutionnel, celles-ci, renseignées par le comte d'Artois, signaient à Pilnitz la convention qui devait hâter la perte de Louis XVI.

Lafayette, Rochambeau, Luckner, s'échelonnèrent sur nos frontières, prêts à faire face à la coalition. Des conflits continuels entre les deux pouvoirs, pendant trois ou quatre mois, les aigrirent l'un et l'autre.

Le 20 avril 1792, la guerre est déclarée à François II, ce qui n'empêche pas les jacobins de dire qu'il y a un comité autrichien aux Thilleries qui ne s'occupe que des moyens de renverser la Constitution.

Le 24 mai, l'Assemblée licencie la garde de douze cents hommes, que l'Assemblée constituante avait votée au roi pour remplacer les gardes du corps.

Ainsi, peu à peu, on faisait le vide autour du roi, soit par des abus de pouvoir, soit par la terreur.

Le 29 mai, l'Assemblée condamne tous les prêtres insermentés à la déportation, et déclare Louis-Stanislas-Xavier, prince français, déchu de

son droits'il ne rentre en France dans le délai
de deux mois.

Le roi, poussé par le Directoire de Paris, op-
pose son veto à la promulgation de ces deux
décrets, comme violant la Constitution.

Le second de ces deux décrets avait trait au
campement de vingt mille hommes que l'Assemblée voulait établir sous les murs de Paris.

« Les girondins Servan, Clavière et Roland sont
renvoyés par Louis XVI, qui s'aperçoit que ces
trois ministres n'ont cessé de le trahir.

« Les jacobins, furieux de ce renvoi, ameutant
le peuple, vident sur les places de la capitale toute
la lie démocratique qu'ils font mouvoir.

« Roland adresse au roi une lettre dont la forme
outrageante pèsera éternellement sur sa mémoire.

Cependant le 20 juin, qui semble être la pré-
face du 10 *août*, approche. Pétion, qui avait rem-
placé Bailly dans les fonctions de maire de Paris, le
préparait en silence ; les clubs et les sociétés dé-
magogiques des faubourgs avaient reçu le mot
d'ordre. Sous prétexte de demander au roi de lever le veto dont nous avons parlé plus haut, elles
devaient pénétrer aux Tuileries, et y assassiner
le roi.

C'est armés de piques et de canons que ces *bons
citoyens* se présentèrent aux grilles du château.

Bientôt on les laissa pénétrer dans les cours, de là ils se ruèrent vers les appartements, dont ils attaquèrent les portes à coups de haches.

Le roi parut tout à coup, mais calme et digne devant le peuple. « Que voulez-vous ? — Sanctionnez les décrets, » lui répondait-on de toutes parts.

Le tumulte grossissait ; un grenadier, croyant le roi en danger, lui dit : « Sire, ne craignez rien ! » Le roi, en prenant la main de cet homme et l'appuyant sur son cœur : « Grenadier, dit-il, mets ta main là ; ce battement, est-il celui de la crainte ? »

Cependant Pétion accourut et calma cette effervescence.

Le peuple défila devant le roi, qui ne cessa de garder son sang-froid. Cette scène tumultueuse et de mauvais présage avait duré cinq heures.

Le roi se plaignit au peuple français des outrages qu'il ne cessait d'endurer, mais le jacobinisme affaiblit facilement l'effet de cet appel à la conscience publique.

Pétion parut offensé de cet écrit du roi, qui semblait le rendre responsable de l'attentat du 20 juin devant le pays. Il vint arrogamment s'en expliquer avec Louis XVI.

« On a, dit-il, calomnié la municipalité de Paris. Elle est sans reproche, vous en aurez la preuve.

« Sans les mesures prudentes qui avaient été prises, il aurait pu arriver des choses beaucoup plus fâcheuses, non pour votre personne, on la respecte, mais... (il eut l'air de désigner la reine).
— Taisez-vous! dit le roi. Il continua : De quoi vous plaignez-vous ? vos appartements n'ont-ils pas été respectés ? — Est-ce les respecter que d'en briser les portes, et d'y pénétrer à main armée? Ce qui s'est passé est pour toute la France le comble du scandale. — Je connais l'étendue de mes devoirs et de ma responsabilité, répliqua Pétion. — Votre devoir, dit le roi, est de veiller à la tranquillité de Paris : retournez à vos fonctions. »

Lafayette, en apprenant l'attentat du 20 juin, quitta son armée et accourut à Paris. Le 29, il assistait à la séance de l'Assemblée. Sa soudaine présence alarma quelque peu les jacobins, il demanda à l'Assemblée de poursuivre énergiquement les instigateurs et les chefs des violences qu'avaient eu à subir le roi et sa famille au 20 juin.

Mais l'Assemblée ombrageuse, peu satisfaite qu'on vînt lui tracer un devoir qu'elle était loin de vouloir remplir, reçut assez froidement la démonstration du général. Le girondin Gensonné alla même jusqu'à demander si le ministre de la guerre avait autorisé Lafayette à quitter l'armée.

Lafayette, distinguant le but de ces informations haineuses, rejoignit son camp à la hâte.

La preuve la plus convaincante qu'on puisse donner de la complicité de l'Assemblée dans l'attentat du 20 juin, c'est qu'à propos de la fête de la Fédération, sachant la culpabilité de Pétion, elle lui restitua l'exercice des fonctions de maire de Paris, quand elle aurait dû le livrer aux lois qu'il n'avait pas craint de violer par sa coupable conduite.

La province avait dégagé sur Paris une nuée de monstres éclos aux enseignements furibonds du jacobinisme. Pendant la fête de la Fédération, ce furent eux qui déversèrent le plus d'injures sur la personne royale. Au reste, dans les jours qui suivirent cette mascarade révolutionnaire, la capitale ne goûta plus un seul instant de repos. Le flot populaire n'était pas plutôt apaisé sur un point qu'il se soulevait sur l'autre. On sentait que la terre manquait sous les pas de la royauté, et que la catastrophe si impatiemment attendue par les jacobins et la plupart des girondins, ne pouvait tarder longtemps à éclater.

Le roi cherchait en vain à apaiser les séditions stipendiées, par des proclamations où le patriotisme le plus pur s'alliait ingénieusement au sentiment de sa dignité.

Sa voix n'avait pas plutôt prononcé une parole, qu'elle était étouffée, tournée en dérision ou jugée comme l'œuvre d'un hypocrite.

C'est une *convention* qui donnerait la république à toute la France, voilà ce que voulaient les girondins et les fédérés marseillais.

L'Assemblée décréta, en vue d'accomplir plus à l'aise ce projet, l'éloignement du peu de force armée dont le roi disposait encore pour sauvegarder sa liberté et celle de sa famille. C'était livrer la victime sans défense à ses bourreaux. Quarante grenadiers des Filles-Saint-Thomas sont presque tous égorgés, sous prétexte qu'ils auraient crié *à bas la nation*, et qu'ils auraient cherché à attaquer cinq cents fédérés marseillais. — La milice va se plaindre à l'Assemblée, qui passe à l'ordre du jour. Le 30, les ministres sont menacés d'être décrétés d'accusation. Chabot et Grangeneuve, deux fanatiques stupides, conviennent, pour hâter les choses, de se faire assassiner tous les deux par quelques braves de leur parti, et de rejeter cet assassinat sur le compte de la cour.

Le roi était injurié même au château, par les orléanistes et les jacobins, qui se promenaient dans le jardin en chantant des chansons ordurières et injurieuses à la reine.

Quelques sections du faubourg se lèvent et demandent la tête du roi. La cour fait de vains efforts pour conjurer l'orage prêt à éclater, mais rien ne la sauvera.

Le 23 juillet, un député, nommé Kersaint, accuse Louis XVI d'agir de concert avec les ennemis de la France. L'Assemblée renvoie l'accusation à l'examen ordinaire, afin de décider si le roi n'est pas tombé dans le *cas de déchéance*.

La patrie est déclarée en danger par le président de l'Assemblée ; d'heure en heure le canon d'alarme est tiré.

Chaque rue prend l'aspect d'un camp ; des missionnaires anarchiques se répandant dans les provinces pour les insurger contre le pouvoir royal.

Le 5 août, Pétion, à la tête des quarante-huit sections de Paris, vient à la barre de l'Assemblée demander la déchéance du roi et une Convention nationale. On voit que ce vil instrument des girondins répétait exactement sa leçon.

Le président déclare au peuple de Paris que l'Assemblée prend sa demande en considération.

Dans la séance du 8, les girondins et les orléanistes cherchent à obtenir la mise en accusation de Lafayette, mais ils n'y peuvent parvenir. A la sortie de la séance, quatre députés s'arrachent à grand'peine au ressentiment de scélérats qui voulaient les punir d'avoir plaidé la cause de ce général.

Le parti d'Orléans et les girondins, voyant le peuple dans l'état d'exaspération désiré, n'hésitent plus.

Les partis, êtres collectifs, sont comme l'homme isolé, sujets à l'erreur et à l'illusion.

Les orléanistes pensaient enfin introduire, à la suite de ce mouvement décisif, le régime constitutionnel en France ; les girondins comptaient sur les bénéfices d'une convention ; et enfin le parti de la cour, le plus faible de tous numériquement, était celui chez lequel l'espérance semblait avoir poussé les plus profondes racines. Il pensait, à l'aide de l'insurrection qui se préparait, soutenu de la garde nationale, être maître de Paris.

Mais le plan de défense établi pour garantir le château fut connu presque aussitôt que terminé, par le parti d'Orléans, qui entretenait des espions dans la place.

L'insurrection impatiente bondit bientôt par les rues, le drapeau rouge dans la main, appelant la multitude à la perpétration du plus grand de tous les crimes. Ici nous laisserons parler Cléry, dont le dévouement à la personne du roi et l'amour pour la vérité n'ont jamais été mis en doute par personne.

« J'étais, dit ce fidèle serviteur, auprès de M. le dauphin à l'époque du 10 août. Dès le matin du 9,

l'agitation était extrême ; des groupes se formè-
rent dans tout Paris, et l'on apprit avec certitude
aux Tuileries le plan des conjurés... Le 9 au soir,
à huit heures et demie, après avoir fait le coucher de M. le dauphin, je sortis des Tuileries pour
chercher à connaître l'opinion publique... Je rentrai au château à onze heures ; les personnes de
la cour et du service du roi s'y rassemblaient avec
inquiétude ; je passai dans l'appartement de M. le
dauphin, d'où, un instant après, j'entendis sonner le tocsin (1) et battre la générale dans tous les
quartiers de Paris. Je restai dans le salon jusqu'à
cinq heures du matin avec madame de Saint-Brice,
femme de chambre du jeune prince. A six heures,
le roi descendit dans les cours du château, et passa
en revue les gardes nationaux et les suisses, qui
jurèrent de le défendre. La reine et ses enfants
suivaient le roi. On entendit dans les rangs quelques voix séditieuses ; elles furent bientôt étouf-
fées par les cris mille fois répétés de *Vive le roi !
Vive la nation !*

« L'attaque des Tuileries ne paraissant pas
encore prochaine, je sortis une seconde fois et je
suivis les quais jusqu'au Pont-Neuf. Je rencontrai
partout des rassemblements, des gens armés dont

_____________

(1) A minuit selon Hue. (Note de l'auteur.)

les intentions n'étaient pas douteuses ; ils portaient des piques, des fourches, des haches, des croissants. Le bataillon des Marseillais marchait dans le plus grand ordre avec ses canons, mèche allumée ; il invitait le peuple à le suivre, pour l'aider, disait-il, à faire déloger de tyran et proclamer sa déchéance à l'Assemblée nationale.....

A sept heures, les inquiétudes augmentèrent par la lâcheté de plusieurs bataillons qui abandonnèrent successivement les Tuileries. Ceux des gardes nationaux qui restèrent à leur poste, au nombre de quatre ou cinq cents, montrèrent autant de fidélité que de courage ; ils furent placés indistinctement avec les suisses dans l'intérieur du palais, aux différents escaliers et à toutes les issues. Ces troupes avaient passé la nuit sans prendre aucune nourriture ; je m'empressai, avec plusieurs serviteurs du roi, de leur porter du pain et du vin... Ce fut alors que le roi donna le commandement de son palais à MM. le maréchal de Mailly, le duc du Châtelet, le comte de Puységur, le baron de Viomesnil, le comte d'Hervilly, le marquis du Puget. Les personnes de la cour et du service furent distribuées dans différentes salles... (1) A huit heures, le danger devient plus pressant.

(1) Selon Huë, le roi passa ses troupes en revue en leur

« L'Assemblée législative tenait ses séances dans le bâtiment du manége donnant sur le jardin des Tuileries. Le roi lui avait adressé plusieurs messages pour lui faire part de la position où il se trouvait, et l'inviter à nommer une députation qui l'aidât de ses conseils (1). L'Assemblée, quoique l'attaque du château se préparât sous ses yeux, n'avait fait aucune réponse.

« Quelques instants après, on vit entrer le département de Paris et plusieurs municipaux ayant à leur tête Rœderer, alors procureur général syndic. Rœderer, sans doute d'accord avec les conjurés, engagea vivement Sa Majesté à se rendre avec sa famille au sein de l'Assemblée ; il assura que le roi ne pouvait plus compter sur la garde nationale, et que, s'il restait dans son palais, ni le département, ni la municipalité ne répondaient plus de sa sûreté. Le roi l'écouta sans

disant : « Eh bien ! on dit qu'ils viennent... Que veulent-ils ? Je ne me séparerai pas des bons citoyens, ma cause est la leur. »

(1) Selon le même, à l'occasion du message du roi, une discussion s'établit pour savoir si l'on enverrait une députation à S. M. ou si on l'inviterait à se retirer avec sa famille au sein de l'Assemblée. Un député trancha la question par ces paroles : « La Constitution, dit-il, laisse au roi, quand il le veut, la faculté de venir au milieu des représentants du peuple. » Ce fut toute la réponse de cette assemblée perfide.

émotion ; il rentra dans sa chambre avec la reine, les ministres et un petit nombre de personnes, et bientôt après il en sortit pour se rendre avec sa famille à l'Assemblée... Il était alors près de neuf heures... J'attendais avec terreur la suite de la démarche du roi : j'étais aux fenêtres qui donnent sur le jardin. Il y avait déjà une demi-heure que la famille royale était à l'Assemblée, lorsque je vis sur la terrasse des Feuillants quatre têtes placées sur des piques, que l'on portait du côté du lieu des séances du corps législatif. Ce fut là, je crois, le signal de l'attaque du château, car au même instant un feu terrible de canon et de mousqueterie se fit entendre.

« Les balles et les boulets criblaient le palais. Le roi n'y étant plus, chacun ne s'occupa que de sa propre sûreté, mais toutes les issues étaient fermées, et une mort certaine nous attendait. Je cours de toutes parts, déjà les appartements et les escaliers étaient jonchés de morts ; je me détermine à sauter sur la terrasse, par une des fenêtres de l'appartement de la reine. Je traverse rapidement le parterre, pour gagner le pont-tournant. Un gros de suisses, qui m'avait précédé, se ralliait sous les arbres. Placé entre deux feux, je revins sur mes pas, pour gagner l'escalier neuf de la terrasse du bord

de l'eau ; je voulus sauter sur le quai, le feu con-
tinuel qui partait du Pont-Royal m'en empêcha.

« Je m'avançai du même côté jusqu'à la porte
d'entrée du jardin de M. le dauphin ; là des Marseillais qui venaient de massacrer plusieurs suisses les dépouillaient. L'un d'eux vint à moi, une
épée sanglante à la main : « Comment, citoyen, me
dit-il, tu es sans armes ! Prends cette épée, aide-
nous à tuer ! » Un autre Marseillais s'en empara. »

Nous emprunterons à Huë la fin de cette sanglante journée.

« La mort frappait de toutes parts ; un grand
nombre de soldats suisses, traînés à la place de
Grève, y furent massacrés ; on égorgea dans leurs
loges les suisses des portes... Ces barbaries ne
suffirent pas à la rage du peuple ; plusieurs loge-
ments dépendant du château furent pillés ou
brûlés.... Enfin, quand le fer et la flamme eurent
cessé leurs ravages, l'Assemblée législative, jusqu'alors tranquille spectatrice de l'événement,
sortit de son apathie ; mais ce fut pour mettre le
sceau à l'insurrection.

« Le député Vergniaud, organe de la commission extraordinaire, composée en grande partie
de députés de la Gironde et de leurs partisans,
monta à la tribune. « La mesure, dit-il, que je
viens vous proposer est bien rigoureuse ; mais je

m'en rapporte à l'adoption qui vous pénètre pou[r]
juger combien il importe au salut de la patrie que
vous l'adoptiez sans délai. » Aussitôt il proposa et
fit décréter qu'une *convention nationale* serait
convoquée, qu'en attendant que le peuple français eût expliqué par elle sa volonté, et que le
*règne de la liberté* et de l'égalité fût établi, *le
chef du pouvoir exécutif* (1) serait provisoire-
ment suspendu, qu'un nouveau ministère serait
organisé, que le payement de la liste civile serait
interrompu et qu'il y serait substitué un traitement
pécuniaire provisoire.... Cette motion était à peine
adoptée que l'Assemblée ayant appris que la fermentation continuait, ordonna qu'une analyse de
son décret serait affichée dans tous les carre-
fours de la capitale. Les affiches portaient : « Le
roi est suspendu ; sa famille et lui restent en
otages. Le ministère actuel n'a plus la confiance
de la nation ; l'Assemblée va procéder à le remplacer. La liste civile est supprimée. »

Le roi, après ces terribles événements, demeura
trois jours au couvent des Feuillants avec sa famille. Durant ce laps de temps, chaque matin les
factieux l'emmenaient au milieu d'eux à l'Assemblée
et l'enfermaient dans la loge du *Logographe* (2),

(1) Le roi.
(2) Journal de ce temps.

où il essuya les attaques les plus injurieuses de la part de ses ennemis. Le 14 il fut transféré avec sa famille au *Temple*.

## CHAPITRE VI.

**Massacres de septembre. — Le roi devant la Convention. — Le 21 janvier.**

Les fauteurs du 10 août n'avaient fait qu'émoustiller leurs instincts sanguinaires dans cette journée; la commune de Paris et la partie la plus corrompue de l'Assemblée législative résolurent de *purger le sol de la liberté* des prêtres et des nobles que l'arbitraire le plus révoltant avait privés de leur liberté.

Dans la nuit du 2 septembre la commune organise des corps d'assassins.

A deux heures les détonations du canon d'alarme se mêlent aux sons du tocsin lugubre. L'exécrable Marat trace aux égorgeurs leur hideuse besogne, pendant que Billaud-Varennes et l'ex-comédien d'Herbois les haranguent.

Maillard, dit *Tappe-dur*, désigné pour être leur chef, avait reçu de Tallien, greffier de la commune, ces instructions : « Il fallait disposer sa bande d'une manière utile et sûre, l'armer surtout d'assommoirs, prendre des précautions

pour empêcher les cris des mourants, faire porter
les coups sur la tête, *expédier* promptement,
faire emplette de vinaigre, à cause de l'odeur,
pour laver les endroits où l'on tuerait, se pré-
cautionner de balais de houx pour bien râcler le
sang, de chaux vive, de voitures couvertes pour
transporter les cadavres, *bien payer, surtout*,
et avertir d'un instant à l'autre de ce qui se passerait (1). »

Cette œuvre de scélératesse ne fut que trop
bien suivie. Gorgés de vin et de liqueurs fortes,
les assassins se portent d'abord à la prison des
Carmes où 250 prêtres sont immolés.

La Force et l'Abbaye sont investies à la fois ;
là les égorgeurs établissent un tribunal dérisoire,
devant lequel ils amènent les prisonniers.

*Élargissez monsieur*, tel est l'arrêt par lequel
l'odieux tribunal livre l'innocence et la fidélité à
la mort. Tous les officiers suisses qui se trouvent
à l'Abbaye sont massacrés. Billaud-Varennes,
dans le sang jusqu'à la cheville, encourage les
meurtriers. « Braves gens, leur dit-il, bons citoyens, vous immolez les ennemis de la liberté :
la patrie reconnaissante vous tiendra lieu des
sacrifices que vous faites pour elle. La commune

(1) Sénart, *Révélations des comités*, page 36.

voudrait vous récompenser d'une manière pro-
portionnée à *vos services.* Sans doute, le butin
et la dépouille de ces scélérats (montrant les cadavres) appartiennent à ceux qui nous en ont
délivrés; mais vous prendrez en considération
la pénurie des fonds de la commune. Quiconque
aura *travaillé* dans une prison recevra un bon
louis payable à la caisse. — *Respectables* citoyens, continuez votre ouvrage et la patrie vous
devra de nouveaux hommages. »

Cependant, les sections s'assemblent et déci-
dent *qu'on enverra des provisions aux
égorgeurs.*

Montmorin, l'ancien ministre, est assassiné,
et son frère, quoique absous, meurt avec
lui.

Un grand nombre de magistrats dont tout le
crime est d'avoir protesté contre la violation des
lois, d'anciens serviteurs de la famille royale, des
nobles accusés d'avoir de la sympathie pour la
cause du monarque, d'anciens soldats, des
écrivains distingués sont assommés, mutilés sans
miséricorde.

Le vénérable abbé Sicard va lui-même périr,
quand un courageux citoyen s'élance et le couvre
de son corps. « Non, s'écrie-t-il, vous n'immo-
lerez pas le père des sourds-muets, il faudra me

tuer avec lui! » A ces mots la bande furieuse se calme, et l'abbé Sicard est sauvé.

Mais cet instant de pitié est vite effacé. La princesse de Lamballe, détenue à la Petite-Force, est égorgée impitoyablement. « Dévidez cette pelote, » dit un chef égorgeur. Aussitôt elle est saisie par les cheveux et renversée en arrière. Un sabre traverse son cou blanc et flexible, et l'inonde de sang. Les assassins, par un raffinement d'horrible cruauté, pour en séparer la tête, prennent une scie. Cette tête si charmante autrefois est placée au bout d'une pique, un fard horrible est appliqué sur ses joues. Son corps, après avoir subi tous les outrages, est coupé en morceaux, son cœur est arraché, puis l'horrible bande de cannibales, les manches relevées et couvertes de sang caillé, les massues ou assommoirs sur l'épaule, les sabres tout fumants, s'achemine précédée de tambours vers la demeure du duc d'Orléans, beau-frère de la malheureuse victime. Celui-ci, au bruit du dehors, quitte le festin auquel il a convié ses amis et s'approche de la fenêtre pour repaître ses regards de l'affreux spectacle qui lui est offert.

La princesse de Lamballe était la confidente chérie de Marie-Antoinette, les assassins le saxaient ; ils courent au Temple et dressent l'horrible trophée de façon à le faire apercevoir à la reine. Un commissaire de la commune commande au roi de se mettre à la fenêtre, un des collègues de ce sicaire arrête Sa Majesté : « N'y allez pas, s'écrie-t-il, c'est la tête de madame de Lamballe ! »

Deux traits d'amour filial, comme deux fleurs charmantes, reposent et rassérénent l'œil attristé du chrétien qui relit les annales de ces temps de troubles, ravivent et fortifient la foi en celui qui a permis que le crime, dans ses plus épouvantables débordements, pût toujours être dompté et contenu par l'influence de la vertu.

La fille de Cazotte, écrivain presque octogénaire, voyant son père près d'être frappé, s'écrie en le couvrant de son corps et le visage tourné vers les égorgeurs : « Faites-moi mourir la première ! » Les barbares s'arrêtent muets et ébahis devant un si beau courage, et la vie est laissée au vénérable vieillard.

Le marquis de Sombreuil, gouverneur des Invalides, est arrêté avec sa fille. Ils sont tous deux renfermés à l'Abbaye. Le 2 septembre, ce digne vieillard allait être massacré, quand mademoiselle de Sombreuil se jette les bras suppliants devant les égorgeurs : l'un l'atteint au sein avec la pique et fait couler son sang ; mais la noble fille ne recule pas, et supplie toujours.

Tout à coup les tigres ont l'air d'être attendris ; mademoiselle de Sombreuil n'ose croire à tant de bonheur, elle en remercie le ciel, quand l'un d'eux, qui s'était écarté un instant, lui présente un verre plein de sang. « Si tu le bois, ton père est libre, » dit le cannibale. La fille héroïque leva les yeux au ciel et le but d'un trait. Mais son père fut sauvé.

Ces assassinats horribles durèrent pendant quatre jours et quatre nuits. Prud'homme, auteur des *Révolutions de Paris*, totalise le nombre de victimes et ne le porte qu'à 1,420. Matou de Varennes l'élève à 1,800. Malgré que l'on ne puisse le donner qu'approximativement, il s'élève à plusieurs milliers. Les documents que nous avons consultés ne nous laissent aucun doute sur l'exactitude de ce chiffre.

Marat et ses collègues invitèrent les départements à suivre l'exemple de Paris, mais ceux-ci, pleins d'indignation à la vue de cette dégoûtante circulaire, restèrent paisibles.

Duplain, Lenfant, Jourdeuil, Marat, Desforgues, Leclerc, Dufon, Cailly, Maillard, Hébert, l'Huissier, Ceyrat, Henriot, Rousin, Rossignol, Billaud-Varennes, Bazin, Tallien, seront à jamais maudits par l'humanité pour avoir préparé et accompli cette horrible boucherie! La famille royale fut près d'être massacrée : le nommé Gardombas, dit Casque, s'était chargé de cette mission. Heureusement qu'il trouva à s'occuper ailleurs, sans cette circonstance, l'infortuné Louis XVI, ainsi que ses serviteurs et toute sa famille, était perdu. Après les massacres vinrent les vols, le pillage. On délivrait de faux passeports que l'on se faisait payer fort cher, ensuite on arrêtait ceux qui s'en étaient munis. On fit aussi usage d'une plus atroce perfidie : voulant augmenter les dépouilles, le bruit se répandit dans les maisons d'arrêt que l'on allait transférer les prisonniers. — Ceux-ci se munirent d'argent. — C'était là ce que désiraient les meurtriers, car ce n'était pas le tout de tuer. Il fallait avant engraisser les victimes.

« Laissons, disaient les chefs de complots (1), nos égorgeurs prendre çà et là quelques boucles d'oreilles, quelques bagues qu'ils arrachent, quelques oreilles, quelques doigts qu'ils coupent, quelques mouchoirs, quelques tabatières : il faut leur laisser ces petits objets pour encouragement; mais ne perdons point de vue les fonds dont se sont pourvus les prisonniers, soignons

_____________
(1) Sénant, *Révélations des comités.*

es autres bijoux, les portefeuilles, l'or et l'argent, envoyons des commissaires qui s'en emparent et les surveillent, sous prétexte de conserver les propriétés. »

« Voici une anecdote qui donnera une idée de la rapacité de ces scélérats :

Après les affreuses journées de septembre, le nommé *Sergent* portait au doigt une agate de grand prix : un tueur la reconnut pour avoir appartenu à une de ses victimes; il dit à Sergent, en montrant le sang dont ses vêtements étaient couverts : « Voilà mon titre de propriété sur ce bijou. — N'est-ce pas aussi mon titre? reprit Sergent, n'ai-je pas eu du sang sur moi? — *Ce n'est qu'une éclaboussure* qui a rejailli, » dit l'autre. Ils allaient probablement en venir aux mains quand on les sépara.

Le 2 septembre, pendant qu'on massacrait des innocents à Paris, la coalition s'emparait de Verdun. Beaurepaire, qui commandait cette place, avait juré de ne se rendre que mort; il se fit sauter la cervelle au milieu de son état-major consterné.

Le 9 septembre, soixante-quinze prisonniers amenés d'Orléans à Paris, sous prétexte de *hâter* leur jugement, sont massacrés à Versailles avec vingt et un autres détenus. Le farouche Danton, ministre de la justice, félicite les assassins en ces termes : « Ce n'est pas le ministre de la justice, c'est le ministre de la révolution qui vous remercie de votre louable fureur. »

Le 16 septembre, le Garde-Meuble est pillé.

Le 20 septembre, l'Assemblée est close. La postérité fera peser une éternelle réprobation sur cette Assemblée perfide et lâche.

Le 21, la Convention nationale est installée. A l'ouverture, la royauté est abolie, sur la proposition de Collot-d'Herbois, et la république est proclamée.

Le 28, le roi est séparé de Marie-Antoinette.

Le 9 octobre, Longwy est évacué par les Prussiens. Verdun est abandonné le 14. Le 18, un décret de bannissement à perpétuité, contre les émigrés est promulgué.

Le 6 novembre, les Autrichiens sont battus à Jemmapes par Dumouriez.

Le 7, un projet de décret tendant à la mise en jugement du roi est présenté par Mailhe à la Convention. Le 13 décembre, la discussion commence sur ce travail mensonger. Saint-Just, Grégoire, Manuel, Robert, le marquis de Condorcet, Chénier, Thibeaudeau, Marat et Robespierre, plaident avec le plus de fureur la culpabilité du monarque.

Manuel dit, en parlant de Louis XVI : « Il fut roi, *il est donc coupable*, car ce sont les rois qui ont détrôné les peuples... Sans ces *Mandrins* couronnés, il y a longtemps que la raison et la justice couronneraient la terre. Législateurs, hâtez-vous de prononcer une sentence qui consommera l'agonie des rois... Un roi mort n'est pas un homme de moins. » Un autre député compare Louis XVI à Saturne.

L'émulation homicide anime tous ces hommes et les pousse à l'accomplissement du régicide, qu'ils souhaitent depuis si longtemps.

Dix députés seulement essayent de défendre le monarque; mais leurs efforts sont vains. Sur la proposition du *vertueux* Pétion, il est décrété que le roi sera jugé par la Convention nationale. Le 7 décembre, on enlève aux prisonniers du Temple et à leurs serviteurs tous les instruments tranchants, on fait déguster tous les comestibles.

Le 16 décembre, le roi est amené devant la Convention.

Le roi est d'un calme inaltérable. Pendant cinq heures, il se soumet à l'interrogatoire le plus odieux. Toutes ses réponses sont empreintes de ce caractère particulier qu'ont l'innocence et la bonne foi en face de juges iniques.

Le député Treilhard, aussitôt que le roi est sorti, propose le projet de décret suivant à l'Assemblée : « Louis Capet peut choisir un ou plusieurs conseils. » (Des murmures s'élèvent dans une partie de l'Assemblée.)

MARAT. « Il ne s'agit point ici d'un procès ordinaire... Il ne nous faut pas de chicane de palais. » (Après un grand tumulte, qui finit par s'apaiser, Pétion prend la parole.)

PÉTION. « Je demande la parole pour une motion d'ordre : il est surprenant qu'une question aussi simple excite autant d'aigreur et de division. De quoi s'agit-il ? de donner au roi un conseil... Ce conseil peut, d'après la loi, être composé d'une ou deux personnes... Eh bien, que cette question si simple : *Louis Capet pourra-t-il prendre un conseil*, soit mise aux voix. »

La proposition de Pétion passa à une assez grande majorité.

Quatre commissaires vont apprendre à Louis XVI *qu'il a la faculté de prendre un conseil*.

Le *républicain* Target refuse l'assistance de sa parole au roi, sous prétexte qu'il a soixante ans, qu'il est fatigué par des maux de nerfs et des étouffements. Ce qui n'était pas fatigué chez cet avocat, c'étaient la crainte de déplaire à la Convention et la lâcheté.

La tâche glorieuse qu'il refusa, d'autres la demandèrent avec instance à la Convention, entr'e autres le courageux Malesherbes.

Le 17 décembre, Malesherbes et Tronchet, conseils du roi, annoncent à la Convention que le roi a choisi Desèze pour son défenseur.

Le 26, le roi paraît une seconde fois à la Convention, accompagné de Malesherbes, Tronchet et Desèze. Jamais il n'y parut si digne.

Desèze, dans un plaidoyer éloquent autant par le fond des arguments que par la forme brillante qui recouvre leur solidité, termine ainsi : « Français ! Louis était monté sur le trône à vingt ans, et à vingt ans il donna sur le trône l'exemple des mœurs ; il n'y porta aucune faiblesse coupable, ni aucune passion corruptrice ; il y fut économe, juste, sévère ; il s'y montra toujours l'ami constant du peuple. Le peuple désirait la destruction d'un impôt désastreux qui pesait sur lui, il le détruisit. Le peuple demandait l'abolition de la servitude, il commença par l'abolir lui-même dans ses domaines. Le peuple sollicitait des réformes dans la législation criminelle pour l'adoucissement du sort des accusés, il fit ces réformes. Le peuple voulait que des milliers de Français, que la rigueur de nos usages avait privés jusqu'alors des droits de citoyens, acquissent ces droits ou les recouvrassent, il les en fit jouir par ses lois. Le peuple voulait la liberté, il la lui donna, il vint même au-devant de lui par ses sacrifices, et cependant c'est au nom de ce même peuple qu'on demande aujourd'hui!..... Citoyens, je n'achève pas......... Je m'arrête devant l'histoire : songez qu'elle jugera votre jugement et que le sien sera celui des siècles. »

Louis XVI ajoute : « On vient de vous exposer mes moyens de défense, je ne les renouvellerai point. En vous parlant peut-être pour la dernière fois, je vous déclare que ma conscience ne me reproche rien et que mes défenseurs ne vous ont dit que la vérité. Je n'ai jamais craint que ma conduite fût examinée publiquement, mais mon cœur est déchiré de trouver dans l'acte d'accusation l'imputation d'avoir voulu répandre le sang du peuple et surtout que les malheurs du 10 août me soient attribués. J'avoue que les preuves multipliées que j'avais données dans tous les temps de mon amour pour le peuple, et la manière dont je m'étais conduit, me paraissent devoir prouver que je craignais peu de m'exposer pour épargner son sang et éloigner de moi une pareille imputation. »

Après qu'il eut prononcé ces paroles, il se retira, accompagné de ses défenseurs. A cinq heures du soir, sous la surveillance de Cambon et de Santerre que Senart appelle par dérision le général *Mousseux,* il rentrait au Temple.

La Convention, les 16, 17, 19 et 20 janvier 1793, rendit entre autres décrets ces deux-ci :

« La Convention nationale déclare Louis Capet, *dernier* roi des Français, coupable de conspiration contre la liberté de la nation et d'attentat contre la sûreté générale de l'Etat.

« La Convention nationale décrète que Louis Capet subira la peine de mort. »

Trois cent soixante-six intrigants aussi iniques que sanguinaires suffirent pour faire tomber la tête innocente de Louis XVI.

L'exécrable Robespierre donne ainsi les motifs de son vote :

« Je n'aime point les longs discours dans les questions évidentes... Je n'ai jamais su décomposer mon existence politique, pour trouver en moi deux qualités, celles de *juge* et *d'homme d'Etat* : la première pour déclarer l'accusé coupable, la seconde pour me dispenser d'appliquer la peine... Nous sommes des représentants du peuple, envoyés pour cimenter la liberté publique par la condamnation du tyran. Je suis inflexible pour les tyrans... Je ne connais point d'humanité qui égorge les peuples et pardonne aux despotes... Je vote pour la mort. »

Danton, ce débauché immonde, dont la vie ne fut qu'un assemblage monstrueux de vices et de forfaits, donna ainsi les siens : « On ne compose point avec les tyrans, les rois ne doivent être frappés qu'à la tête... Je vote pour la mort. »

Billaud-Varennes, l'instigateur des assassinats de septembre, jette ce cri de hyène altérée de sang : « *La mort dans les vingt-quatre heures* (1). »

Voici comment l'abbé Edgeworth de Firmon, confesseur de Louis, rapporte les dernières heures de ce roi martyr :

« Le 20 janvier, sur les quatre heures du soir, un inconnu se présente chez moi et me remet un billet du conseil exécutif provisoire conçu en ces termes : « Le conseil exécutif ayant une affaire de la plus haute importance à communiquer au citoyen Edgeworth de Firmon, l'invite à passer un instant au lieu de ses séances. » L'inconnu ajouta qu'il avait ordre de m'accompagner et qu'une voiture m'attendait dans la rue. Je descendis et partis avec lui. »

Arrivé aux Tuileries, le ministre de la justice dit au digne abbé :

« Louis Capet nous ayant témoigné le désir de vous avoir près de lui dans ses derniers moments, nous vous avons mandé pour savoir si vous consentez à lui rendre ce service. — Puisque le roi, repartit l'abbé Edgeworth, témoigne ce désir et me désigne par mon nom, me rendre auprès de lui est un devoir.

« En ce cas, ajouta le ministre, vous allez

(1) Prudhomme, *Révolutions de Paris*, page 44, V. 65.

venir avec moi au Temple, car je m'y rends de ce pas... » Le trajet des Tuileries au Temple se passa dans le plus morne silence. Deux ou trois fois cependant le ministre essaya de le rompre. — Grand Dieu ! s'écria-t-il après avoir levé les glaces de sa voiture, de quelle affreuse commission je me vois chargé ! Quel homme ! ajouta-t-il en parlant du roi ; quelle résignation ! quel courage ! Non, la nature toute seule ne saurait donner tant de forces ; il y a quelque chose de surhumain.... Nous arrivâmes ainsi au Temple, et la première porte nous fut ouverte ; mais, parvenus au bâtiment qui sépare la cour du jardin, nous fûmes arrêtés : c'était, je crois, une consigne générale..... Le ministre lui-même parut être assujetti à cette formalité.

« Nous attendîmes les commissaires près d'un quart d'heure ; enfin ils se présentèrent... Ils me firent signe de les suivre, et nous traversâmes tous ensemble le jardin qui mène à la cour. Ici la scène devint affreuse : la porte de la cour, quoique très-petite et très-basse, s'ouvrit avec un fracas terrible, tant elle était chargée de verroux et de barres de fer. Nous passâmes à travers une salle plus vaste encore, et qui à sa forme me parut avoir été autrefois une chapelle... Ils me conduisirent par un escalier tournant et si étroit que deux personnes avaient peine à se croiser. De distance en distance, cet escalier était coupé par des barrières, et, à chacune d'elles, on voyait une sentinelle en faction : ces sentinelles étaient de vrais Sans-Culottes, presque tous ivres, et les cris affreux qu'ils poussaient, répétés par les voûtes du Temple, avaient quelque chose de vraiment effrayant. Parvenu à l'appartement du roi, dont toutes les portes étaient ouvertes, j'aperçus ce prince au milieu d'un groupe de huit ou dix personnes. C'était le ministre de la justice (Garat le jeune), accompagné de quelques membres de la commune, qui venait de lui lire le fatal décret qui fixait irrévocablement sa mort au lendemain.

« Il était au milieu d'eux, calme, tranquille, gracieux même, et pas un de ceux qui l'entouraient n'avait l'air aussi calme que lui. Dès que je parus, il leur fit signe de la main de se retirer ; ils obéirent en silence, et lui fermant la porte sur eux : je restai seul avec lui.

« Jusque-là, j'étais parvenu à concentrer les divers mouvements qui agitaient mon âme ; mais à la vue de ce prince, autrefois si grand, et alors si malheureux, je ne fus plus maître de contenir mes larmes ; elles inondèrent mon visage, et je tombai à ses pieds, sans pouvoir lui faire entendre d'autre langage que celui de la douleur. Cette vue l'attendrit... Mais bientôt, reprenant tout son courage : « Pardonnez, me dit-il, pardonnez ce mouvement de faiblesse, si toutefois on peut le nommer ainsi; depuis longtemps je vis au milieu de mes ennemis... Mais la vue d'un sujet fidèle parle tout autrement à mon cœur : c'est un spectacle auquel mes yeux ne sont plus accoutumés, et il m'attendrit malgré moi. » En me disant ces paroles, il me releva avec bonté et me fit passer dans son cabinet, afin de m'entretenir plus à son aise ; car de sa chambre tout était entendu. Ce cabinet était pratiqué dans une des tourelles du Temple; il n'y avait ni tapisserie ni ornement, un mauvais poêle en faïence lui tenait lieu de cheminée, et l'on n'y voyait pour tout meuble qu'une table et trois chaises de cuir. Là, me faisant asseoir près de lui : « C'est donc à présent, me dit-il, monsieur, la grande affaire qui doit m'occuper tout entier. Hélas! la seule affaire importante, car que sont toutes les autres affaires auprès de celle-là ? Mais je vous demande quelques moments de répit, car ma famille va descendre. En attendant, voici un écrit, je suis bien aise de vous le communiquer. » Il tira en même temps de sa poche un papier cacheté dont il brisa le sceau.

« C'était son testament qu'il avait fait dès le mois de décembre... Un des commissaires vint lui annoncer que sa famille était descendue. A ces mots, il parut très-ému et partit comme un trait. L'entrevue eut lieu dans une petite pièce qui n'était séparée que par un vitrage de celles qu'occupaient les commissaires ; en sorte que ceux-ci pouvaient tout voir et tout entendre. Moi-même, quoique enfermé dans le cabinet où le roi m'avait laissé, je distinguais facilement les voix, et malgré moi je fus témoin de la scène la plus touchante qui ait frappé mes oreilles... Pendant près d'une demi-heure, on n'articula pas une parole : ce n'étaient ni des larmes, ni des sanglots, mais des cris assez perçants pour être entendus hors de l'enceinte de la tour. Le roi, la reine, madame Élisabeth, M. le dauphin et Madame se lamentaient tous à la fois, et les voix semblaient se confondre. Enfin les larmes cessèrent parce qu'on n'eut plus la force d'en répandre ; on se parla à voix basse et assez tranquillement.

« La conversation dura à peu près une heure, et le roi congédia sa famille en lui donnant l'espoir de la revoir le lendemain. »

Après avoir raconté les tracas qu'il eut à essuyer pour obtenir de célébrer la sainte messe dans la chambre du roi, le narrateur continue ainsi : « Le 21 janvier, dès cinq heures, le roi se leva et fit sa toilette à l'ordinaire. Peu après il m'envoya chercher et m'entretint près d'une heure dans le cabinet où il m'avait reçu la veille. Au sortir du cabinet, je trouvai un autel dressé dans la chambre du roi. Les commissaires avaient exécuté à la lettre tout ce que j'avais exigé d'eux. Le roi entendit la messe à genoux, par terre, sans prie-Dieu ni coussins ; il y communia : je lui laissai ensuite quelque temps pour achever ses prières. Bientôt il m'envoya chercher de nouveau, et je le trouvai assis près de son poêle et ayant peine à se réchauffer. « Mon Dieu, dit-il, que je suis heureux d'avoir mes principes ! Sans eux, où en serais-je maintenant ? Mais avec eux que la mort doit me paraître douce ! Oui, il existe en haut un juge incorruptible qui saura bien me rendre la justice que les hommes me refusent ici-bas... » Le jour commençait à paraître, et déjà on battait la générale dans toutes les sections de Paris. Ce mouvement extraordinaire se faisait entendre très-distinctement dans la tour, et j'avoue qu'il me glaçait le sang des veines ; mais le roi, plus calme que moi, après y avoir prêté un moment l'oreille, me dit sans s'émouvoir : « C'est probablement la garde nationale qu'on commence à rassembler. » Peu après, des détachements de cavalerie entrèrent dans la cour du Temple, et on entendit parfaitement la voix des officiers et les pieds des chevaux ; le roi écouta encore et me dit avec le même sang-froid : « Il y a apparence qu'ils approchent. »

« Il avait promis à la reine, en la congédiant la veille, qu'il la reverrait... Mais je le suppliai instamment de ne pas la mettre à une épreuve qu'elle n'aurait pas la force de soutenir.

« Il s'arrêta un moment, et avec l'expression de la douleur la plus profonde : « Vous avez raison, me dit-il, monsieur ; ce serait lui donner le coup de la mort ; il vaut mieux me passer de cette triste consolation, et la laisser vivre d'espérance quelques moments de plus. »

« Depuis sept heures jusqu'à huit, on vint, sous différents prétextes, frapper à la porte du cabinet où j'étais renfermé avec le roi, et à chaque fois je tremblais que ce ne fût la dernière... Enfin, on frappa à la porte pour la dernière fois. C'était Santerre et sa troupe. Le roi ouvrit la porte sans émotion, et on lui annonça (je ne pus entendre dans quels termes) qu'il fallait aller à la mort. « Je suis en affaire, leur dit-il avec autorité, attendez-moi là ; dans quelques minutes je serai à vous. » En disant ces paroles, il vint se jeter à mes genoux. « Tout est consommé, me dit-il, monsieur, donnez-moi votre dernière bénédiction et priez Dieu qu'il me soutienne jusqu'au bout. » Il se releva bientôt et, sortant du cabinet, il s'avança vers la troupe qui était au milieu de sa chambre à coucher. Leurs visages n'annonçaient rien moins que l'assurance. Ils avaient cependant tous le chapeau sur la tête, et le roi, s'en apercevant, demanda aussitôt le sien. Tandis que Cléry, baigné de larmes, court pour le chercher : « Y a-t-il parmi vous quelque membre de la Commune, leur dit le roi ; je le charge d'y déposer cet écrit. » C'était son *testament*, et un des assistants le prit de la main du roi... Puis... *Marchons*, dit le roi d'un ton ferme. A ces mots, toute la troupe défile. Le roi traversa la première cour à pied. Il se retourna une ou deux fois vers la tour, comme pour dire adieu à tout ce qu'il avait de plus cher en ce monde ; et, au mouvement qu'il fit, on voyait qu'il rappelait sa force et son courage. A l'entrée de la seconde cour se trouvait une voiture de place. Deux gendarmes tenaient la portière. A l'approche du roi, l'un d'eux y monta le premier et se plaça sur le devant. Le roi monta ensuite et me plaça à côté de lui, dans le fond. L'autre gendarme y sauta le dernier, et ferma la portière. La voiture parvint dans le plus grand silence à la place Louis XV et s'arrêta au milieu d'un grand espace vide, qu'on avait laissé autour de l'échafaud. Cet espace était bordé de canons ; et au delà, tant que la vue pouvait s'étendre, on voyait une multitude en armes.

Dès que le roi sentit que la voiture n'allait plus, il se retourna vers moi, et me dit à l'o-

reille : « Nous voilà arrivés, si je ne me trompe. »
Mon silence lui répondit que oui. Un des bourreaux vint aussitôt ouvrir la portière, et les gendarmes voulurent descendre ; mais le roi les arrêta, et, appuyant sa main sur mon genou : « Messieurs, leur dit-il, je vous recommande monsieur
que voilà ; ayez soin qu'après ma mort, il ne lui
soit fait aucune insulte. Je vous charge d'y veiller... » Dès que le roi fut descendu de voiture,
trois bourreaux l'entourèrent et voulurent lui
ôter ses habits ; mais il les repoussa avec fierté,
et se déshabilla lui-même. Il défit également son
col, ouvrit sa chemise et l'arrangea de ses pro-
pres mains. Les bourreaux, que la contenance
fière du roi avait déconcertés un moment, sem-
blèrent alors reprendre de l'audace. Ils l'entourèrent de nouveau et voulurent lui prendre les
mains. « Que prétendez-vous? leur dit le prince,
en retirant ses mains avec vivacité. — Vous lier.
— Me lier ? répartit le roi avec indignation, je n'y
consentirai jamais ; faites ce qui vous est com-
mandé, mais vous ne me lierez pas : renoncez
à ce projet. »

« Les bourreaux insistèrent ; ils élevèrent la
voix, et semblaient déjà vouloir appeler du secours pour le faire de vive force. C'est ici peut-
être le moment le plus affreux de cette déso-
lante matinée ; une minute de plus, et le meilleur

des rois recevait sous les yeux de ses sujets rebelles un outrage mille fois plus insupportable que la mort. Il parut le craindre lui-même, et, se retournant vers moi, il me regarda fixement, comme pour me demander conseil. Hélas! il m'était impossible de lui en donner un, et je ne lui repondis d'abord que par mon silence. Mais comme il continuait de me regarder : « Sire, lui dis-je avec larmes, dans ce nouvel outrage je ne vois qu'un dernier trait de ressemblance entre Votre Majesté et le Dieu qui va être sa récompense. » A ces mots, il leva les yeux au ciel avec une expression de douleur que je ne saurais jamais rendre.

« Assurément, me dit-il, il ne me faudra rien moins que son exemple pour que je me soumette à un pareil affront. » Et se tournant vers les bourreaux : « Faites ce que vous voudrez, leur dit-il, je boirai le calice jusqu'à la lie. »

« Les marches qui conduisaient à l'échafaud étaient excessivement raides à monter. Le roi fut obligé de s'appuyer sur mon bras; et à la peine qu'il semblait prendre, je craignis un moment que son courage ne commençât à fléchir. Mais quel fut mon étonnement lorsque, parvenu à la dernière marche, je le vis s'échapper pour ainsi dire de mes mains, traverser d'un pied ferme toute la largeur de l'échafaud, imposer silence par son seul regard à quinze ou vingt tambours qui étaient placés vis-à-vis de lui (1), et, d'une voix si forte qu'elle dut être entendue du pont tournant, prononcer distinctement ces paroles à jamais mémorables : *Je meurs innocent de tous les crimes qu'on m'impute. Je pardonne aux auteurs de ma mort et je prie Dieu que le sang que vous allez répandre ne retombe jamais sur la France.* »

« Il allait continuer, mais un homme à cheval et en uniforme national, fondant tout à coup et avec des cris féroces sur les tambours, les obligea de rouler. En même temps plusieurs cris se firent entendre pour encourager les bourreaux. Ils parurent s'animer eux-mêmes et, saisissant avec effort le plus vertueux des rois, ils le traînèrent sous la hache, qui d'un seul coup fit tomber sa tête.

« Tout cela fut l'ouvrage de peu d'instants. Le plus jeune des bourreaux (il ne semblait avoir que dix-huit ans) saisit aussitôt la tête et la montra au peuple, en faisant le tour de l'échafaud.

« Il accompagnait cette cérémonie mons-

(1) Il y avait divers rendez-vous pour la faction d'Orléans. Ce fut à un de ces rendez-vous que Santerre jura à d'Orléans, le verre à la main, qu'il emploierait un moyen sûr pour empêcher Capet (Louis XVI) de parler au peuple sur l'échafaud ; ainsi fut formé le complot du fameux roulement de tambours effectué lors de la mort de Capet. (Sénart, *Révélations des comités,* page 71.)

trueuse des cris les plus atroces et des gestes les plus indécents. Le plus morne silence régna d'abord. Bientôt quelques cris de *vive la république!* se font entendre. Peu à peu les voix se multiplient et dans moins de dix minutes ce cri, mille fois répété, devient le cri de la multitude, et tous les chapeaux sont en l'air. »

Ainsi mourut Louis XVI, le 21 janvier 1793, à dix heures dix minutes. Il était né le 23 août 1754, et était parvenu au trône le 10 mai 1774.

« Le corps, dit M. de Montgaillard, fut placé, ainsi que la tête, dans un panier d'osier, portés au cimetière de *la Madeleine* et jetés dans une fosse de douze pieds ouverte de six, garnie et recouverte de chaux vive, et dissous immédiatement. »

---

## CHAPITRE VII.

**Lutte des partis. — Mort des Girondins. — Punition de Marat. — Supplice de Robespierre.**

L'enfantement de chaque fait agressif à la royauté a eu sur elle une action dissolvante désorganisatrice. C'est cette action que nous avons voulu pour ainsi dire biographier en mettant en relief chacune des circonstances dont elle s'est appuyée. Désormais le torrent a rompu la digue qui contenait ses fureurs, nous n'avons plus qu'à mentionner ses principaux ravages. La monarchie est par terre, c'est à qui s'emparera de ses riches dépouilles. Ce capital de haines féroces, aveugle, que les partis ont jusqu'ici mis en commun pour atteindre l'horrible résultat du 21 janvier, va maintenant se diviser ; chacun d'eux va prendre la quote part qu'il y avait apportée. C'est entre eux que la lutte va continuer, lutte acharnée, sanglante, à l'ardeur de laquelle se ralluma la torche de la guerre civile un instant près de s'éteindre ; lutte impie, où tout ce qui est saint et vénéré par le cœur de l'homme, la religion, les liens du sang, la morale, la charité, la fidélité au malheur, le culte des aïeux, est foulé aux pieds, méconnu, poursuivi, fustigé, couvert d'ignominie ; où l'honnête homme, enfin, ne sait comme Jésus-Christ où trouver une pierre pour reposer sa tête ; lutte sanguinaire qui couvrit la France d'échafauds, de deuils et d'innombrables misères.

A peine Louis XVI a-t-il cessé de vivre que Marie-Antoinette, sa sœur et son fils sont immolés. Bientôt les prisons regorgent de victimes, le crime marche insolemment tête levée ; l'arme de la spoliation qui a dévalisé l'Eglise, les ordres militaires, les émigrés et même les hôpitaux, est de nouveau suspendue menaçante sur toutes les familles. L'*emprunt forcé* sur les riches est établi.

C'est entre les girondins régicides et les mon-

tagnards appuyés des sections du club des Jacobins, du *club fraternel* des membres sanguinaires
de la commune, que la lutte commence.

Les premiers n'avaient pas positivement de plan
de conduite bien arrêté; une république aristocra-
tique les eût satisfaits, s'ils y eussent dû occuper
les premiers emplois. Les principaux d'entre eux
furent Vergniaud, Valazé, Rabaud Saint-Étienne,
Isnard et Barbaroux. Les seconds voulaient l'éta-
blissement de la démagogie, marchaient hardiment à leur but ; mais les farouches convictions
qu'ils ont affichées avec tant d'ostentation ne les
laveront jamais des crimes dont ils se sont souil-
lés. Ils avaient pour chefs Robespierre, Marat
et Danton, Billaud-Varennes et Collot-d'Herbois.

Le 2 juin 1793, les montagnards, soutenus par
les clubs et la populace que Danton venait de faire
armer et habiller aux frais des riches, font arrêter
22 girondins. Le tribunal révolutionnaire est in-
stitué. Les jugements de cet infâme tribunal étaient
sans appel, entraînaient la confiscation des biens
appartenant aux victimes ; en un mot c'était,
ainsi que l'a dit cyniquement un de ses membres,
l'instrument qui servait par *l'échafaud à battre
monnaie à la révolution.*

Barbaroux, Pétion, Lanjuinais, Henri Larivière
échappent aux montagnards et appellent la France
aux armes pour venger leur défaite méritée.

Le 11 juillet, Marat, l'instigateur des journées de septembre et de la journée du 2 juin, et qui depuis ne cesse dans son journal *l'Ami du peuple* de pousser la multitude aux plus grands crimes, est poignardé par la courageuse Charlotte Corday.

A Lyon, des magistrats intègres vengent l'humanité outragée, par l'exécution de l'infâme Chaslier, autre monstre éclos de la fange révolutionnaire et qui avait juré d'exterminer les principaux habitants de cette belle cité.

Charlotte Corday, interrogée par le tribunal révolutionnaire à propos de Marat, répondit : « J'ai tué un homme pour en sauver cent mille, un scélérat pour sauver des innocents, une bête féroce pour donner le repos à mon pays. »

Ainsi qu'elle l'écrivit peu de jours avant sa mort à son père, « l'attentat qu'elle venait de commettre ne permettait aucune défense. » En effet, le 17 juillet 1793, elle eut la tête tranchée.

La montagne, qui regorgeait de petits *Marat*, décerna l'apothéose à son hideux patron. Dans toutes les villes, ce monstre eut son autel !

Sept ou huit départements répondent à la voix des girondins fugitifs, mais, en réalité, précipitent leur défaite plutôt que de la retarder.

Lyon, après avoir subi toutes les horreurs d'un siége, ouvre ses portes aux hordes jacobines dirigées par Collot-d'Herbois. Six mille habitants de cette glorieuse cité, que n'avaient pu corrompre les révolutionnaires, furent égorgés. Après ces massacres, son nom fut transformé par dérision en celui de *Commune affranchie*. Toulon, Avignon, Marseille, Bordeaux, subissent le même traitement.

Les tronçons de la royauté s'agitent dans la Vendée. D'Elbé, Lescure et Larochejaquelein essayent vainement d'abattre le colosse de la Révolution, pendant que la coalition cherche de son côté à pénétrer sur notre territoire.

Les montagnards souverains qui siégeaient au comité du salut public, commencent à se défier de quelques-uns de leurs collègues, et notamment de Danton.

Custine est condamné à mort pour avoir rendu Mayence aux ennemis.

Le sort des girondins emprisonnés est fixé. Le 31 octobre 1793, le lendemain du jour où Marie-Antoinette avait été guillotinée, ils montent sur l'échafaud. C'était : Brissot, Vergniaud, Gensonné, la Source, Fonfrède, Sillery, Ducos, Carra, Duperret, Gordieu, Duprat, Faucher, Beauvais, Duchatel, Mainvieille, le Hardi, Boileau, Antibaud et Vigée.

Si la plupart de ces citoyens s'égarèrent dans le dédale des passions politiques, du moins un grand nombre d'entre eux avaient encore quelques vertus privées. Ce titre seul doit leur rendre la postérité indulgente.

Robespierre sentait les ailes de l'ambition lui pousser chaque jour plus longues aux épaules. Les girondins morts, il jeta un regard autour de lui, et comme il s'y trouvait quelques scélérats peu disposés à se laisser *aristocratiser* comme les girondins, il résolut de les prendre un à un dans les filets ténébreux dont il tenait l'extrémité dans sa main implacable. Tous les constitutionnels de 89, que ses espions purent découvrir sur le territoire français, furent livrés au bourreau. Le duc d'Orléans, depuis la défection de Dumouriez, était en prison à Marseille ; il le fit transférer à Paris, et deux jours après son arrivée cet artisan acharné de la mort de Louis XVI reçut le prix de ses crimes. Bailly, l'ancien maire de Paris, qui avait donné ordre de disperser les factieux du Champ-de-Mars quelques jours après la seconde fête de la fédération, périt le même jour sur l'échafaud ; Barnave, l'ancien rival de Mirabeau à la Constituante, les suivit de près.

Le 22 frimaire an 2, les Vendéens sont anéantis par Westermann au Mans.

Bonaparte, qui préludait à son élévation, venait d'enlever Toulon aux Anglais.

On a écrit et répété à satiété que la Convention

avait sauvé la France de l'invasion étrangère.
Nous sera-t-il permis de hasarder notre opinion
à travers ce concert louangeur, plus enthousiaste
que réfléchi ? La Convention ou plutôt le Comité
de *salut* public ne fut jamais un foyer de patriotisme, mais d'ambitions ardentes à la curée des
hauts emplois et cherchant à s'y perpétuer par
tous les moyens possibles. Non, jamais ce noble
sentiment qui fait de tous les cœurs un seul cœur,
de toutes les âmes une seule âme, ne dut être
compris par ces hommes altérés du sang de leurs
semblables !

Fanatiser les petits, conquérir leur admiration,
se les rendre favorables, par suite conserver la
toute-puissance dont il disposait, puis en faire
l'instrument de ruine de toutes les sociétés euro-
péennes qu'il entendait refondre dans un moule
de sa façon, acquérir ainsi une gloire apparente
qui, après tout, n'aurait jamais pu faire oublier
les crimes et les forfaits qui l'avaient précédée :
voilà l'espérance fanatique dont il caressait la ré-
alisation en faisant jouer avec tant d'art le ressort
miraculeux du patriotisme. Mais Dieu se rit des
desseins des hommes ; en ne croyant servir que sa
propre ambition, la manœuvre du comité de salut
public raviva véritablement l'unité du patriotisme
menacée d'être rompue par le fédéralisme.

Un million de jeunes Français se portent à nos

frontières appelés par la réquisition, et y font des prodiges de valeur.

Desaix emporte les lignes importantes de Wissembourg et de Lautersbourg.

Pichegru chasse les Prussiens de Landau.

Danton reparaît vers ce temps dans l'arène révolutionnaire.

Robespierre, qui redoute son éloquence et son audace, l'envoie à la mort, avec Chabot, Lacroix, Camile Desmoulins, Hérault-Séchelles et Fabre d'Eglantine. Ils sont tous exécutés le 5 avril.

Mais les tigres qui siégent au comité de salut public ne sont pas encore repus.

Le vertueux Malesherbes, conseiller du malheureux Louis XVI, l'homme dont l'intégrité honora le plus la magistrature, est livré aux bourreaux, le 22 avril, avec sa fille, son gendre, sa petite-fille et le mari de cette dernière.

Huit mille détenus gémissent dans les prisons de Paris.

Le 7 mai, la *Convention* ajouta à ce crime celui de saper la religion de Jésus-Christ; sous le nom d'*Être-suprême*, elle rétablit le paganisme.

Les collègues de cruauté de l'infâme Robespierre commencent à se défier de ses allures tortueuses.

Le 8 juin, a lieu la première fête en l'honneur du nouveau dieu que Robespierre impose aux

Français d'adorer ; sa conduite durant cette journée désilla les yeux de ses co-rivaux. Ils virent enfin jusqu'où voulait parvenir cet égorgeur immonde ; ils n'attendirent pas, comme les Romains, que ce César souillé de crimes eût ceint la couronne, ils résolurent de l'immoler auparavant.

Les prisons de Paris regorgent de victimes, malgré la célérité de la guillotine qui en dévore soixante par jour ; les malheureux voués à la mort sont entassés privés d'air dans ces affreux repaires, comme des noirs dans la cale d'un négrier.

Cette époque est le moment où la terreur atteint son paroxisme, et, chose étrange, c'est aussi celui où la France présente au monde ce cortége de guerriers belliqueux dont l'épée doit la débarrasser des bêtes féroces qui la déchirent. Ce sont les Bonaparte, les Masséna, les Kléber, les Desaix, et tant d'autres hommes illustres dont la postérité redira éternellement les noms à travers les siècles.

Cependant, à force de donner des *bains de sang* à la liberté, à force de faire *transpirer le corps social*, à force de *l'étêter*, comme disaient les séides de Robespierre, le corps social se lassait, la guillotine commençait par devenir sans attrait pour la populace ; les habitants du bagne même, qui avaient été lâchés pour insulter les victimes au moment de mourir, trouvaient cette occupation ennuyeuse ; moins de têtes se mettaient aux fenêtres quand la fatale charrette faisait entendre son bruit effrayant sur les pavés sanglants. Ces symptômes de revirement dans les idées n'échappaient point à Robespierre ; il redoubla de cruauté : une machine propre à couper neuf têtes à la fois est confectionnée et placée à Bicêtre, et ne cesse de *fonctionner*. Ce *perfectionnement* ne lui valut pas un battement de mains de la foule stipendiée pour l'applaudir. Ses collègues du comité de salut public le surveillent de plus en plus, il ne craint pas de laisser entrevoir qu'il y en a parmi eux auxquels il entend faire *couper la parole*, ainsi que le disait l'ignoble Fouquier-Tinville ; ceux-ci le devancent.

Le 26, il est interrompu dans la lecture d'un de ces discours à double effet, comme il avait l'habitude d'en faire de temps à autre, quand il éprouvait le besoin de raffermir sa popularité en déversant le soupçon sur ceux qui gênaient sa marche. Fréron crie : « Jusques à quand un pe-
« tit nombre de députés, se regardant comme
« les maîtres de la Convention, auront-ils l'audace,
« sur des accusations vagues, d'envoyer leurs
« collègues à l'échafaud ?... »

Robespierre tourne vers l'interrupteur un regard haineux. Mais le branle est donné et ne doit pas s'arrêter. On se sépare néanmoins.

Le 9 thermidor 1794, Saint-Just, le bras droit de Robespierre, est à la tribune ; il déblatère contre les conspirateurs qui ont juré la ruine de la République, il se plaint des *déviations scandaleuses de l'opinion publique*, et conclut que pour rendre la cure efficace, il faut « tailler dans le vif et couper les membres gangrenés. » — A cette proposition peu rassurante, Carnot se lève et flétrit courageusement les projets de Robespierre et de ses partisans. Billaud, Tallien, se dressent et accusent le tyran de vouloir mutiler la Convention. Tallien, tirant un poignard de sa poche, dit : « Voilà le poignard de Brutus, j'en frapperai le dictateur ! » Cette énergique démonstration entraîne les plus peureux. Toute l'assemblée se soulève contre Robespierre, et décrète son arrestation. Aussitôt Robespierre est enlevé, saisi comme une bête féroce et conduit à l'Abbaye. Ses partisans du club des jacobins et la commune se soulèvent et excitent le peuple à se soulever pour sauver le vertueux *Robespierre*.

Mais la Convention, cette fois, ne se laisse point influencer par ce flot menaçant ; elle proscrit tous les fonctionnaires qui entraveront sa volonté, elle interdit aux sections d'obéir à la municipalité, qu'elle met hors la loi. Cet instant de vigueur attire toutes les forces autour d'elle. Les Parisiens, las de voir répandre le sang, demandent le supplice de Robespierre. Legendre, suivi d'une douzaine d'affidés, court aux *Jacobins* rassemblés et les menace. Ceux-ci cèdent. Legendre ferme le lieu de leurs séances et en emporte les clefs.

Le 28, à 6 heures du soir, Robespierre, Couthon, Saint-Just, Henriot sont exécutés.

---

## CHAPITRE VIII.

Constitution de l'an III. — Le 13 vendémiaire. — Chute du Directoire.

Après la chute de Robespierre, si la France put se dégager un peu de l'abjection morale où il l'avait tenue plongée pendant tant de jours, néanmoins elle fut impuissante à s'en arracher tout à fait. C'est qu'en effet le coup qui venait d'abattre Robespierre lui avait été porté bien plus en haine de son ambition personnelle qu'en haine des crimes qu'il avait consommés, crimes auxquels la plupart de ses ennemis avaient prêté la main.

Cependant, le 31 juillet, on rapporte toutes les dispositions homicides autorisant le comité de salut public à mettre en état d'arrestation les membres de la Convention. C'était un pas de fait vers l'équité.

Le 21 août, les 2 francs alloués à la populace pour assister aux assemblées des sections sont supprimés.

Le 14 septembre, le tribunal ordonne la mise en liberté de quatre-vingt-quatorze Nantais.

Lyon est autorisé à quitter le nom de *Commune affranchie*.

Le 12 novembre, sur la motion de Rewbell, les séances de la société des jacobins sont suspendues.

« Qui, dit l'orateur, a couvert la France de deuil, porté le désespoir dans les familles, peuplé la république de bastilles, rendu le régime républicain si odieux qu'un esclave courbé sous le poids de ses fers eût refusé d'y vivre? Les jacobins. Qui regrette le régime affreux sous lequel nous avons vécu? Les jacobins. » Tout cela était vrai, mais ne pouvait-on s'apercevoir plus tôt du despotisme de cette odieuse société et la détruire? La Convention cherchait à réparer le tort que sa lâche et coupable complaisance envers le comité horrible dirigé par Robespierre avait fait à son pouvoir.

Le 16 décembre, Carrier, qui avait surpassé en scélératesse tous les hommes de sang de ce temps d'aveugles fureurs, est condamné à mort par le nouveau tribunal criminel. Le sang des Nantais assassinés ou ensevelis dans les flots de la Loire ne lui ôte rien de son assurance : il meurt comme le bandit, la menace à la bouche et l'audace sur le front.

Lebon, qui avait dépeuplé trois rues d'Arras, suit de près ce tigre sur l'échafaud.

Nos armées triomphent sur tous les points qu'elles envahissent.

La Vendée est pacifiée par Hoche.

Le 2 mars 1795, par un décret, la Convention ordonne l'arrestation de Barrère, de Billaud-Varennes, de Collot-d'Herbois et de Vadier. Le 1er avril, ils sont condamnés à la déportation, comme complices des crimes de Robespierre.

L'école polytechnique est fondée.

L'uniformité des poids et mesures est établie, suivant le système décimal.

Le 9 avril, on désarme les jacobins.

Le 6 mai, Fouquier-Tinville, le pourvoyeur de la guillotine, et quinze scélérats comme lui, sont exécutés en place de Grève.

C'est ce misérable qui voulait que l'on saignât les condamnés, afin de leur ôter cette énergie qu'ils montraient la plupart en face de la mort.

Voici comment il procédait dans ses fonctions d'accusateur public :

« As-tu connaissance d'une conspiration ? » demandait le monstre à l'accusé. Si celui-ci répondait *non*, Fouquier reprenait : « Tu n'as plus la parole ; gendarmes, faites votre devoir ! »

Souvent des ressemblances de noms amenaient à son tribunal des individus pour d'autres :

l'erreur était-elle reconnue, Fouquier ne condamnait pas moins : « Autant aujourd'hui que demain, » disait le scélérat.

Devant ses juges, il dit : « Si je suis coupable, vous l'êtes tous, et j'accuse l'assemblée entière. *Je n'ai été que la hache de la Convention.* »

Du 20 au 28 germinal (mai), la faction vaincue du jacobinisme essaie de ressaisir l'autorité, aidée d'un fort appoint de vagabonds et de scélérats ; la fermeté du conventionnel Boissy-d'Anglas sauve la Convention.

Les Anglais réveillent dans la Vendée le spectre de la chouannerie ; mais Hoche, profitant habilement de la division qui règne entre les chefs royalistes, les défait au combat de Quiberon.

Le 23 septembre, la constitution de l'an III est proclamée.

L'électorat est resserré dans de justes limites. Deux conseils procéderont à la législation : l'un, dit le conseil des *Cinq Cents*, propose les lois ; l'autre, dit des *Anciens*, les accepte. Ils sont permanents. Le pouvoir exécutif est délégué à un directoire de cinq membres nommés par le corps législatif. Pour être admis au conseil des anciens, il faut avoir quarante ans.

Cependant la France sous cette nouvelle constitution n'en continuait pas moins d'adorer le veau d'or ; nulle voix n'avait encore parlé assez éloquemment à son cœur pour la détourner du sentier pernicieux où elle s'était engagée. Elle attendait son Moïse pour sortir de cette servitude morale et matérielle : Dieu le lui envoya.

Le 13 vendémiaire, la Convention est menacée de destruction par les sections de Paris qui refusent d'admettre la constitution de l'an III ; les royalistes se mêlent aux bandes des faubourgs, espérant, à la faveur de ce mouvement populaire, rattraper quelques épaves flottantes de la monarchie.

Faute d'une main vigoureuse, la France, affaiblie à l'intérieur, peut retomber dans le gouffre sanglant d'où elle est à peine sortie ; la Convention comprend sa position : elle donne à Barras le commandement de la force armée. Celui-ci, qui s'entendait mieux à tisser une intrigue et à en recueillir les fruits qu'à se battre, ne se sentit pas assez fort pour refréner l'émeute ; il appela à son aide le jeune Bonaparte, déjà célèbre à cause de son beau fait d'armes de Toulon.

Sans perdre un moment, Bonaparte s'empare de l'artillerie des sectionnaires établie dans la plaine des Sablons. Sept mille hommes habilement disposés et soutenus par quelques canons lui promettent la victoire. En deux heures, les masses insurgées sont balayées et dispersées. Le 14, la sédition qui n'était qu'étourdie dresse de nouveau la tête, mais Bonaparte apparaît avec ses canonniers et tout aussitôt elle se dissipe.

La Convention ne savait comment témoigner sa reconnaissance au jeune héros ; peu de temps après, voulant le récompenser dignement, elle lui donna le commandement en chef de l'armée d'Italie.

## SCÈNES DE LA RÉVOLUTION.

## CHAPITRE PREMIER.

**Martyre de Louis XVI et de sa famille au Temple.**

Le 2 septembre, il y eut beaucoup de fermentation autour du Temple. Le roi et sa famille descendirent comme à l'ordinaire pour se promener dans le jardin. Un municipal, qui suivait le roi, dit à un de ses collègues : « Nous avons mal fait de consentir à les laisser promener cette après-dinée. » J'avais remarqué dès le matin l'inquiétude des commissaires ; ils firent rentrer la famille royale avec précipitation ; mais, à peine fut-elle réunie dans la chambre de la reine, que deux officiers municipaux qui n'étaient point de service à la tour entrèrent, et l'un d'eux, nommé Matthieu, ex capucin, dit au roi : « Vous ignorez, Monsieur, ce qui se passe : la patrie est dans le plus grand danger ; l'ennemi est entré en Champagne ; le roi de Prusse marche sur Châlons : vous répondrez de tout le mal qui peut en résulter. Nous savons que nous, nos femmes, nos enfants, périrons ; mais le peuple sera vengé : vous mourrez avant nous. Cependant il en est temps encore, et vous pouvez... — J'ai tout fait pour le peuple, répondit le roi, je n'ai rien à me reprocher. » Ce même Matthieu dit à M. Huë : « Le conseil de la commune m'a chargé de vous mettre en état d'arrestation.— Qui? demanda le roi.—C'est votre valet de chambre.» Le roi voulut savoir de quel crime on l'accusait, mais il ne put rien apprendre, ce qui lui donna des inquiétudes sur son sort, et il le recommanda avec intérêt aux deux officiers municipaux. On mit les scellés, en présence de M. Huë, sur le petit cabinet qu'il occupait, et il partit à six heures du soir, après avoir passé vingt jours au Temple. En sortant, Matthieu me dit : « Prenez garde à la manière dont vous vous conduirez ; il vous en arriverait autant. »

Le roi m'appela un instant après. Il me remit des papiers que M. Huë lui avait rendus, et qui contenaient des notes de dépense. L'air inquiet des municipaux, les clameurs du peuple aux environs de la tour, agitaient cruellement son cœur. Après son coucher le roi me dit de passer la nuit près de lui ; je plaçai un lit à côté de Sa Majesté.

Le 3 septembre, en habillant le roi, Sa Majesté me demanda si j'avais appris des nouvelles de M. Huë, et si je savais quelque chose des mouvements de Paris. Je répondis que, pendant la nuit, j'avais entendu dire par un municipal que le peuple se portait aux prisons ; que j'allais chercher à me procurer d'autres renseignements. « Prenez garde de vous compromettre, me dit le roi, car alors nous resterions seuls, et je crains que leur intention ne soit de mettre près de nous des étrangers. »

A onze heures du matin, le roi étant réuni avec sa famille dans la chambre de la reine, un municipal me dit de monter dans celle du roi, où je trouvai Manuel et quelques membres de la commune. Manuel me demanda ce que disait le roi de l'enlèvement de M. Huë. Je lui répondis que Sa Majesté en était inquiète. « Il ne lui arrivera rien, me dit-il ; mais je suis chargé d'informer le roi qu'il ne reviendra plus, et que le conseil le remplacera. Vous pouvez l'en prévenir. » Je le priai de m'en dispenser, et j'ajoutai que le roi désirait le voir relativement à plusieurs objets dont la famille royale avait le plus grand besoin. Manuel se déc:d: avec peine à descendre dans la chambre où était Sa Majesté. Il lui fit part de l'arrêté du conseil de la commune qui concernait M. Huë, et la prévint qu'on enverrait une autre personne. « Je vous remercie, répondit le roi, je me servirai du valet de chambre de mon fils ; et si le conseil s'y refuse, je me servirai moi-même, j'y suis résolu. » Le roi lui parla ensuite des besoins de sa famille, qui manquait de linge et d'autres vêtements. Manuel dit qu'il allait en parler au conseil, et se retira. Je lui demandai, en le reconduisant, si la fermentation continuait. Il me fit craindre par ses réponses que le peuple ne se portât au Temple : « Vous pouvez être chargé d'une mission difficile, ajouta-t-il, je vous exhorte au courage. »

A une heure, le roi et sa famille témoignèrent le désir de se promener ; on s'y refusa. Pendant le dîner, on entendit le bruit des tambours, et bientôt les cris de la populace. La famille royale sortit de table avec inquiétude, et se réunit dans la chambre de la reine. Je descendis pour dîner avec Tison et sa femme, employés au service de la cour.

Nous étions à peine assis, qu'une tête au bout d'une pique fut présentée à la croisée. La femme de Tison jeta un grand cri ; les assassins crurent avoir reconnu la voix de la reine, et nous entendîmes le rire effréné de ces barbares. Dans l'idée que Sa Majesté était encore à table, ils avaient placé la victime de manière qu'elle ne pût échapper à ses regards : c'était la tête de madame la princesse de Lamballe ; quoique sanglante, elle n'était point défigurée : ses cheveux blonds, encore bouclés, flottaient autour de la pique.

Je courus aussitôt vers le roi. La terreur avait tellement altéré mon visage que la reine s'en aperçut. Il était important de lui en cacher la cause : je voulais seulement avertir le roi ou madame Élisabeth ; mais les deux municipaux étaient présents.

« Pourquoi n'allez-vous pas dîner? me dit la reine. — Madame, lui répondis-je, je suis indisposé. » Dans ce moment, un municipal entra dans la tour, et vint parler avec mystère à ses collègues. Le roi leur demanda si sa famille était en sûreté : « On fait courir le bruit, répondirent-ils, que vous et votre famille n'êtes plus dans la tour : on demande que vous paraissiez à la croisée, mais nous ne le souffrirons point ; le peuple doit montrer plus de confiance en ses magistrats. »

Cependant les cris du dehors augmentaient : on entendit très-distinctement des injures adressées à la reine. Un autre municipal survint, suivi de quatre hommes députés par le peuple, pour s'assurer si la famille royale était dans la tour. L'un d'eux, en habit de garde national, portant deux épaulettes et armé d'un grand sabre, insista

pour que les prisonniers se montrassent à la fenêtre : les municipaux s'y opposèrent. Cet homme
dit à la reine, du ton le plus grossier : « On veut
vous cacher la tête de la Lamballe que l'on vous
apportait, pour vous faire voir comment le peuple
se venge de ses tyrans ; je vous conseille de paraître si vous ne voulez pas que le peuple monte
ici. » A cette menace, la reine tomba évanouie. Je
volai à son secours ; madame Élisabeth m'aida à
la placer sur un fauteuil. Ses enfants fondaient en
larmes et cherchaient par leurs caresses à la ra-
nimer. Cet homme ne s'éloignait point ; le roi lui
dit avec fermeté : « Nous nous attendions à tout,
Monsieur ; mais vous auriez pu vous dispenser
d'apprendre à la reine ce malheur affreux. » Il
sortit alors avec ses camarades ; leur but était
rempli.

La reine, revenue à elle, mêla ses larmes à celles
de ses enfants, et passa avec la famille royale dans
la chambre de madame Élisabeth, d'où l'on entendait moins les clameurs du peuple. Je restai
un instant dans la chambre de la reine, et, regardant par la fenêtre à travers les stores, je vis une
seconde fois la tête de madame la princesse de
Lamballe ; celui qui la portait était monté sur
les décombres des maisons que l'on abattait pour
isoler la tour ; un autre à côté de lui tenait au
bout d'un sabre le cœur de cette infortunée prin-

cessé. Ils voulurent forcer la porte de la tour ; un municipal, nommé Daujon, les harangua, et j'entendis très-distinctement qu'il leur disait : « La tête d'Antoinette ne vous appartient pas ; les départements y ont des droits : la France a confié la garde de ces grands coupables à la ville de Paris, c'est à vous de nous aider à les garder, jusqu'à ce que la justice nationale venge le peuple. » Ce ne fut qu'après une heure de résistance qu'il parvint à les faire éloigner.

Le soir de la même journée, un des commissaires me dit que la populace avait tenté de pénétrer avec la députation, et de porter dans la tour le corps nu et sanglant de madame la princesse de Lamballe, qui avait été traîné depuis la prison de la Force jusqu'au Temple ; que des municipaux, après avoir lutté contre cette populace, lui avaient opposé pour barrière un ruban tricolore attaché en travers de la principale porte d'entrée ; qu'ils avaient inutilement réclamé du secours de la commune de Paris, du général Santerre et de l'Assemblée nationale, pour arrêter des projets qu'on ne dissimulait pas ; et que pendant six heures il avait été incertain si la famille royale ne serait pas massacrée. En effet, la faction n'était pas encore toute-puissante : les chefs, quoique d'accord sur le régicide, ne l'étaient pas sur le moyen de l'exécuter, et l'Assemblée désirait peut-être que d'autres mains que les siennes fussent l'instrument des conspirateurs. Une circonstance assez remarquable, c'est qu'après son récit le municipal me fit payer quarante-cinq sous qu'avait coûté le ruban aux trois couleurs.

A huit heures du soir tout était calme aux environs de la tour, mais la même tranquillité était loin de régner dans Paris, où les massacres continuèrent pendant quatre ou cinq jours. J'eus occasion, en déshabillant le roi, de lui faire part des mouvements que j'avais vus et des détails que j'avais appris. Il me demanda quels étaient ceux des municipaux qui avaient montré le plus de fermeté pour défendre les jours de sa famille; je lui citai Daujon, qui avait arrêté l'impétuosité du peuple, quoiqu'il ne fût rien moins que porté pour Sa Majesté. Ce municipal ne revint à la tour que quatre mois après; le roi, se souvenant de sa conduite, le remercia.

Les scènes d'horreur dont je viens de parler ayant été suivies de quelque tranquillité, la famille royale continua le genre de vie uniforme qu'elle avait adopté à son entrée au Temple.

Le nommé Simon, cordonnier et officier municipal, était un des six commissaires chargés d'inspecter les travaux et les dépenses du Temple; mais il était le seul qui, sous le prétexte de bien remplir sa place, ne quittait point la tour. Cet homme ne paraissait jamais devant la famille royale sans affecter la plus basse insolence; souvent il me disait, assez près du roi pour en être entendu : « Cléry, demande à Capet s'il a besoin de quelque chose, pour que je n'aie pas la peine de remonter une seconde fois. » J'étais forcé de répondre : « Il n'a besoin de rien. » C'est ce même Simon qui, dans la suite, fut placé près du jeune Louis, et qui, par une barbarie calculée, rendit cet intéressant enfant si malheureux. Il y a lieu de croire qu'il fut l'instrument de ceux qui abrégèrent ses jours.

Pour apprendre à calculer à ce jeune prince, j'avais fait une table de multiplication, d'après les ordres de la reine. Un municipal prétendit qu'elle montrait à son fils à parler en chiffres, et il fallut renoncer aux leçons d'arithmétique.

La même chose arriva pour des tapisseries auxquelles la reine et les princesses travaillaient dans les premiers jours de leur détention. Quelques dossiers de chaises étant finis, la reine m'ordonna de les envoyer à madame la duchesse de Sérent; les municipaux, à qui j'en demandai la permission, crurent que les dessins représentaient des hiéroglyphes destinés à correspondre avec le dehors; en conséquence, ils prirent un arrêté par lequel il fut défendu de laisser sortir de la tour les ouvrages des princesses.

8.

Quelques-uns des commissaires ne parlaient
jamais du roi, du jeune prince et des princesses,
sans joindre à leurs noms les épithètes les plus
injurieuses. Un municipal, nommé Turlot, dit
un jour devant moi : « Si le bourreau ne guillo-
tinait pas cette s..... famille, je la guillotinerais
moi-même. »

Le roi et sa famille, en sortant pour la promenade, devaient passer devant un grand nombre
de sentinelles, dont plusieurs, même à cette époque, étaient placées dans l'intérieur de la petite
tour. Les factionnaires présentaient les armes aux
municipaux et aux chefs de légion ; mais quand le
roi arrivait près d'eux, ils posaient l'arme au pied,
ou la renversaient avec affectation.

Un de ces factionnaires de l'intérieur écrivit un
jour sur la porte de la chambre du roi et en dedans :
« *La guillotine est permanente, et attend le tyran Louis XVI.* » Le roi lut ces paroles, je fis un
mouvement pour les effacer, Sa Majesté s'y opposa.

Un des portiers de la tour, nommé Rocher,
d'une horrible figure, vêtu en sapeur, avec de
longues moustaches, un bonnet de poil noir sur
la tête, un large sabre et une ceinture à laquelle
pendait un trousseau de grosses clefs, se pré-
sentait à la porte lorsque le roi voulait sortir ;
il ne l'ouvrait qu'au moment où Sa Majesté était
près de lui ; et, sous prétexte de choisir dans ce

grand nombre de clefs, qu'il agitait avec un bruit
épouvantable, il faisait attendre avec affectation
la famille royale, et tirait les verroux avec fracas.
Il descendait ensuite précipitamment, se plaçait
à côté de la dernière porte, une longue pipe à
la bouche, et à chaque personne de la famille
royale qui sortait, il soufflait de la fumée de tabac,
surtout devant les princesses. Quelques gardes
nationaux qui s'amusaient de ces insolences se
rassemblaient près de lui, riaient aux éclats à
chaque bouffée de fumée, et se permettaient les
propos les plus grossiers ; quelques-uns même,
pour jouir plus à leur aise de ce spectacle, appor-
taient des chaises du corps-de-garde, s'y tenaient
assis, et obstruaient le passage, déjà fort étroit.

Quelques témoignages cependant ou de fidélité
ou d'attendrissement vinrent quelquefois adoucir l'horreur de ces persécutions, et furent d'autant plus remarqués qu'ils étaient plus rares.

Un factionnaire montait la garde à la porte de
la chambre de la reine : c'était un habitant des
faubourgs, vêtu avec propreté, quoiqu'en habit
de paysan. J'étais seul dans la première chambre,
occupé à lire ; il me considérait avec attention, et
paraissait très-ému : je passe devant lui, il me
présente les armes, et me dit d'une voix tremblante : « Vous ne pouvez pas sortir. — Pourquoi ?
— Ma consigne m'ordonne d'avoir les yeux sur

vous. — Vous vous trompez, lui dis-je. — Quoi ! monsieur, vous n'êtes pas le roi? — Vous ne le connaissez donc pas ? — Jamais je ne l'ai vu, monsieur, et je voudrais bien le voir ailleurs qu'ici.

— Parlez bas, je vais entrer dans cette chambre, j'en laisserai la porte à demi ouverte, et vous verrez le roi : il est assis près de la croisée, un livre à la main. » Je fis part à la reine du désir de ce factionnaire, et le roi, qu'elle en instruisit, eut la bonté de se promener d'une chambre à l'autre, pour passer devant lui. Je m'approchai de nouveau de ce factionnaire : « Ah ! monsieur, me dit-il, que le roi est bon, comme il aime ses enfants ! » Il était si attendri, qu'à peine il pouvait parler. « Non, continua-t-il en se frappant la poitrine, je ne peux pas croire qu'il nous ait fait tant de mal. » Je craignais que son extrême agitation ne le compromît, et je le quittai.

Un autre factionnaire placé au bout de l'allée qui servait de promenade, encore fort jeune et d'une figure intéressante, exprimait, par ses regards, le désir de donner quelques renseignements à la famille royale. Madame Élisabeth, dans un second tour de promenade, s'en approcha pour voir s'il lui parlerait : soit crainte, soit respect, il ne l'osa point ; mais quelques larmes roulèrent dans ses yeux, et il fit un signe pour indiquer qu'il avait déposé un papier près de lui dans les décombres : je me mis à le chercher, en feignant de choisir des palets pour le jeune prince ; mais les officiers municipaux me firent retirer, et me défendirent d'approcher désormais des sentinelles : j'ai toujours ignoré les intentions de ce jeune homme.

Cette heure de la promenade offrait encore à la famille royale un genre de spectacle qui déchirait souvent sa sensibilité. Un grand nombre de sujets fidèles profitaient chaque jour de ce court instant pour voir leur reine et leur roi, en se plaçant aux fenêtres des maisons situées autour du jardin du Temple, et il était impossible de se tromper sur leurs sentiments et sur leurs vœux. Je crus une fois reconnaître madame la marquise de Tourzel, en j'en jugeai par son extrême attention à suivre des yeux tous les mouvements du jeune prince, lorsqu'il s'écartait de ses augustes parents. Je fis part de cette observation à madame Élisabeth. Au nom de madame Tourzel, cette princesse, qui la croyait une des victimes du 2 septembre, ne put retenir ses larmes. « Quoi ! dit-elle, elle vivrait encore ! »

Le même soir, je fis part au roi du besoin qu'avait son fils de rideaux et de couvertures pour son lit, le froid commençant à se faire sentir. Le roi me dit d'en écrire la demande et la signa. Je m'étais servi des mêmes expressions que

j'avais employées jusqu'alors : « *Le roi demande
pour son fils*, etc. » « Vous êtes bien osé, me
dit Destournelles, de vous servir ainsi d'un titre
aboli par la volonté du peuple, comme vous
venez de l'entendre. » Je lui observai que j'avais
entendu une proclamation, mais que je n'en savais pas l'objet. « C'est, me dit-il, l'abolition de
la royauté, et vous pouvez dire à monsieur (en
me montrant le roi) de cesser de prendre un titre
que le peuple ne reconnaît plus. — Je ne puis,
lui répondis-je, changer ce billet qui est déjà
signé, le roi m'en demanderait la cause, et ce
n'est pas à moi à la lui apprendre. — Vous ferez
ce que vous voudrez, me répliqua-t-il, mais je ne
certifierai pas votre demande. » Le lendemain,
madame Élisabeth m'ordonna d'écrire, à l'avenir,
pour ces sortes d'objets, de la manière suivante :
*Il est nécessaire pour le service de Louis XVI...
de Marie-Antoinette... de Louis-Charles... de
Marie-Thérèse... de Marie-Élisabeth...*

## CHAPITRE II.

### Mort de Louis XVI.

Pendant la lecture de son arrêt de mort, aucune altération ne parut sur le visage du roi.
Je remarquai seulement qu'au premier article,

lorsqu'on prononça le mot *conspiration*, un sourire d'indignation parut sur le bord de ses lèvres ; mais aux mots *subira la peine de mort*, un regard céleste qu'il porta sur tous ceux qui l'environnaient leur annonça que la mort était sans terreur pour l'innocence. Le roi fit un pas vers Grouvelle, secrétaire du conseil, prit le décret de ses mains, le plia, tira de sa poche son portefeuille, l'y plaça, puis, retirant un papier du même portefeuille, il dit au ministre Garat : « Monsieur le ministre de la justice, je vous prie de remettre sur-le-champ cette lettre à la Convention nationale. » Le ministre paraissant hésiter, le roi ajouta : « Je vais vous en faire la lecture ; » et il lut sans aucune altération ce qui suit :

« Je demande un délai de trois jours pour pou-
« voir me préparer à paraître devant Dieu ; je
« demande pour cela de pouvoir librement voir
« la personne que j'indiquerai aux commissai-
« res de la commune, et que cette personne
« soit à l'abri de toute inquiétude pour cet acte
« de charité qu'elle remplira auprès de moi.

« Je demande d'être délivré de la surveil-
« lance perpétuelle que le conseil général a éta-
« blie depuis quelques jours.

« Je demande dans cet intervalle à pouvoir
« voir ma famille quand je le demanderai et sans
« témoins ; je désirerais bien que la Convention

« nationale s'occupât tout de suite du sort de ma
« famille, et qu'elle lui permît de se retirer li-
« brement où elle le jugerait à propos.

« Je recommande à la bienfaisance de la na-
« tion toutes les personnes qui m'étaient atta-
« chées ; il y en a beaucoup qui avaient mis
« toute leur fortune dans leurs charges, et qui,
« n'ayant plus d'appointements, doivent être
« dans le besoin, et même de celles qui ne vi-
« vaient que de leurs appointements ; dans les
« pensionnaires, il y a beaucoup de vieillards,
« de femmes et d'enfants qui n'avaient que cela
« pour vivre.

« Fait à la tour du Temple, le 20 janvier 1793.

« *Signé* LOUIS. »

Garat prit la lettre du roi, et assura qu'il allait
la porter à la Convention. Comme il sortait, Sa
Majesté fouilla de nouveau dans sa poche, en
retira son portefeuille et dit : « Monsieur, si la
Convention accorde ma demande pour la personne que je désire, voici son adresse ; » puis
elle la remit à un municipal. Cette adresse, d'une
autre écriture que celle du roi, portait : *M. Edgeworth de Firmon*, *n°* 483, *rue du Bac*.
Le roi fit quelques pas en arrière ; le ministre et
ceux qui l'accompagnaient sortirent.

Sa Majesté se promena un instant dans sa
chambre ; j'étais resté contre la porte, debout

les bras croisés, et comme privé de tout sentiment. Le roi s'approcha de moi : « Cléry, me dit-il, demandez mon dîner. » Quelques instants après, deux municipaux m'appelèrent dans la salle à manger; ils me lurent un arrêté qui portait en substance : « Que *Louis* ne se servirait point de couteau ni de fourchette à ses repas ; qu'il serait confié un couteau à son valet de chambre, pour lui couper son pain et sa viande en présence de deux commissaires, et qu'ensuite le couteau serait retiré. » Les deux municipaux me chargèrent d'en prévenir le roi, je m'y refusai.

En entrant dans la salle à manger, le roi vit le panier dans lequel était le dîner de la reine; il demanda pourquoi l'on avait fait attendre sa famille une heure de plus, ajoutant que ce retard pourrait l'inquiéter. Il se mit à table. « Je n'ai pas de couteau, » me dit-il. Le municipal Minier fit part alors à Sa Majesté de l'arrêté de la commune. « Me croit-on assez lâche, dit le roi, pour que j'attente à ma vie? On m'impute des crimes, mais j'en suis innocent, et je mourrai sans crainte : je voudrais que ma mort fît le bonheur des Français, et pût écarter les malheurs que je prévois. » Il régna alors un grand silence. Le roi mangea peu; il coupa du bœuf avec sa cuiller, rompit son pain : son dîner ne dura que quelques minutes.

J'étais dans ma chambre, livré à la plus affreuse douleur, lorsque, sur les six heures du soir, Garat revint à la tour : j'allai annoncer au roi le retour du ministre de la justice. Santerre, qui le précédait, s'approcha de Sa Majesté, et lui dit à demi-voix et d'un air riant : « Voici le conseil exécutif. » Le ministre s'étant avancé, dit au roi qu'il avait porté sa lettre à la Convention, et qu'elle l'avait chargé de lui notifier la réponse suivante : « Qu'il était libre à Louis d'appeler tel ministre du culte qu'il jugerait à propos, et de voir sa famille librement et sans témoins ; que la nation, toujours grande et toujours juste, s'occuperait du sort de sa famille ; qu'il serait accordé aux créanciers de sa maison de justes indemnités ; que la Convention nationale avait passé à l'ordre du jour sur le sursis de trois jours. »

Le roi entendit cette lecture sans faire aucune observation ; il rentra dans sa chambre et me dit : « Je croyais, à l'air de Santerre, qu'il allait m'annoncer que le sursis était accordé. » Un jeune municipal, nommé Boston, voyant le roi me parler, s'approcha. « Vous avez paru sensible à ce qui m'arrive, lui dit le roi, recevez-en mes remercîments. » Le commissaire, surpris, ne sut que répondre, et je fus moi-même étonné des expressions de Sa Majesté ; car ce municipal, à peine, âgé de vingt-deux ans, d'une figure douce et intéressante, avait dit quelques instants auparavant : « J'ai demandé à venir au Temple, pour voir la *grimace* qu'il fera demain. » (C'était du roi qu'il parlait.) — Et moi aussi, avait répondu Merceraut (le tailleur de pierre dont j'ai déjà parlé); tout le monde refusait de venir : je ne donnerais pas cette journée pour beaucoup d'argent. » Tels étaient les hommes vils et féroces que la commune affectait de nommer pour garder le roi dans ses derniers moments.

Depuis quatre jours, le roi n'avait pas vu ses conseils; ceux des commissaires qui s'étaient montrés sensibles à ses malheurs évitaient de l'approcher; de tant de sujets dont il avait été le père, de tant de Français qu'il avait comblés de bienfaits, il ne lui restait qu'un seul serviteur pour confident de ses peines.

Après la lecture de la réponse de la Convention, les commissaires prirent le ministre de la justice à l'écart, et lui demandèrent comment le roi verrait sa famille. « En particulier, répondit Garat; c'est l'intention de la Convention. » Les municipaux lui communiquèrent alors l'arrêté de la commune qui leur enjoignait de ne perdre le roi de vue ni le *jour* ni la *nuit*. Il fut convenu entre les commissaires et le ministre que, pour concilier ces deux décisions opposées l'une à l'autre, le roi recevrait sa famille dans la salle à manger, de manière à être vu par le vitrage de la cloison ; mais qu'on fermerait la porte, pour qu'il ne fût pas entendu.

Le roi rappela le ministre de la justice, pour lui demander s'il avait fait prévenir M. de Firmon ; Garat répondit qu'il l'avait amené dans sa voiture, qu'il était au conseil, et qu'il allait monter. Sa Majesté remit à un municipal, nommé Baudrais, qui causait avec le ministre, une somme de 3,000 livres en or, en le priant de la rendre à M. de Malesherbes, à qui elle appartenait. Le municipal le promit ; mais il la porta sur-le-champ au conseil, et jamais cette somme ne fut remise à M. de Malesherbes. M. de Firmon parut : le roi le fit passer dans la tourelle, et s'enferma avec lui. Garat étant parti, il ne resta dans l'appartement de Sa Majesté que trois municipaux.

A huit heures, le roi sortit de son cabinet, et dit aux commissaires de le conduire vers sa famille ; les municipaux répondirent que cela ne se pouvait point, mais qu'on allait la faire descendre, s'il le désirait. « A la bonne heure, dit le roi ; mais je pourrai au moins la voir seul dans ma chambre. — Non, lui dit l'un d'eux, nous avons arrêté avec le ministre de la justice que ce serait dans la salle à manger. — Vous avez entendu, répliqua Sa Majesté, que le décret de la Convention me permet de la voir sans témoin. — Cela est vrai, dirent les municipaux, vous serez en particulier; on fermera la porte, mais, par le vitrage, nous aurons les yeux sur vous. — Faites descendre ma famille, » dit le roi.

Pendant cet intervalle, Sa Majesté entra dans la salle à manger ; je la suivis ; je rangeai la table de côté et plaçai des chaises dans le fond, afin de donner plus d'espace. « Il faudrait, me dit le roi, apporter un peu d'eau et un verre. » Il y avait sur une table une carafe d'eau à la glace ; je n'apportai qu'un verre et le plaçai près de cette carafe. « Apportez de l'eau qui ne soit pas à la glace, me dit le roi, car si la reine buvait de celle-là, elle pourrait en être incommodée. Vous direz, ajouta Sa Majesté, à M. de Firmon qu'il ne sorte pas de mon cabinet : je craindrais que sa vue ne fît trop de mal à ma famille. » Le commissaire qui était allé la chercher resta un quart d'heure ; dans cet intervalle, le roi rentra dans son cabinet, venant de temps en temps à la porte d'entrée, avec les marques de la plus vive émotion.

A huit heures et demie, la porte s'ouvrit : la reine parut la première, tenant son fils par la main ; ensuite Madame Royale et madame Élisabeth ; tous se précipitèrent dans les bras du roi. Un morne silence régna pendant quelques

minutes, et ne fut interrompu que par des sanglots. La reine fit un mouvement pour entraîner
Sa Majesté vers sa chambre. « Non, dit le roi, pas-
sons dans cette salle ; je ne puis vous voir que là. »
Ils y entrèrent, et je fermai la porte qui était en
vitrage. Le roi s'assit, la reine à sa gauche, madame Élisabeth à sa droite, Madame Royale presque en face, et le jeune prince resta debout entre les jambes du roi : tous étaient penchés vers
lui, et le tenaient souvent embrassé. Cette scène
de douleur dura sept quarts d'heure pendant
lesquels il fut impossible de rien entendre ; on
voyait seulement qu'après chaque phrase du roi,
les sanglots des princesses redoublaient, duraient
quelques minutes, et qu'ensuite le roi recommen-
çait à parler. Il fut aisé de juger à leurs mouvements que lui-même leur avait appris sa condamnation.

A dix heures un quart, le roi se leva le premier et tous le suivirent : j'ouvris la porte ; la
reine tenait le roi par le bras droit : Leurs Ma-
jestés donnaient chacune une main à Monsieur
le Dauphin ; Madame Royale à la gauche tenait
le roi embrassé par le milieu du corps ; madame
Élisabeth, du même côté, mais un peu plus en
arrière, avait saisi le bras gauche de son auguste frère : ils firent quelques pas vers la porte
d'entrée, en poussant les gémissements les plus

douloureux. « Je vous assure, leur dit le roi, que je vous verrai demain matin, à huit heures. — Vous nous le promettez, répétèrent-ils tous ensemble. — Oui, je vous le promets. — Pourquoi pas à sept heures ? dit la reine. — Eh bien ! oui, à sept heures, répondit le roi, *adieu....* » Il prononça cet adieu d'une manière si expressive que les sanglots redoublèrent. Madame Royale tomba évanouie aux pieds du roi qu'elle tenait embrassés, je la relevai et j'aidai madame Élisabeth à la soutenir: le roi, voulant mettre fin à cette scène déchirante, leur donna les plus tendres embrassements, et eut la force de s'arracher de leurs bras. « Adieu..... adieu..... » dit-il, et il rentra dans sa chambre.

Les princesses remontèrent chez elles : je voulus continuer à soutenir Madame Royale, les municipaux m'arrêtèrent à la seconde marche, et me forcèrent de rentrer. Quoique les deux portes fussent fermées, on continua d'entendre les cris et les gémissements des princesses dans l'escalier. Le roi rejoignit son confesseur dans le cabinet de la tourelle.

Une demi-heure après, il en sortit, et je servis le souper : le roi mangea peu, mais avec appétit.

Après le souper, Sa Majesté était rentrée dans son cabinet ; son confesseur en sortit un instant après, et demanda aux commissaires de le con-

duire à la chambre du conseil : c'était pour demander des ornements et tout ce qui était nécessaire pour dire la messe le lendemain matin.
M. de Firmon n'obtint qu'avec peine que cette
demande fût accordée. C'est à l'église des Ca-
pucins des Marais, près l'hôtel de Soubise, qui
avait été érigée en paroisse, qu'on envoya chercher les choses nécessaires pour le service divin. Revenu de la chambre du conseil, M. de
Firmon rentra chez le roi; tous deux passè-
rent dans la tourelle et y restèrent jusqu'à minuit et demi : alors je déshabillai le roi, et comme
j'allais pour lui rouler ses cheveux, il me dit : »
« Ce n'est pas la peine ; » puis, en le couchant,
comme je fermais ses rideaux : « Cléry, vous
m'éveillerez à cinq heures. »

A peine fut-il couché qu'un sommeil profond
s'empara de ses sens ; il dormit jusqu'à cinq heures sans s'éveiller. M. de Firmon, que Sa Majesté
avait engagé à prendre un peu de repos, se jeta
sur mon lit, et je passai la nuit sur une chaise
dans la chambre du roi, priant Dieu de lui conserver sa force et son courage.

J'entendis sonner cinq heures, et j'allumai le
feu ; au bruit que je fis, le roi s'éveilla, et me
dit en tirant son rideau : « Cinq heures sont-
elles sonnées ? — Sire, elles le sont à plusieurs
horloges, mais pas encore à la pendule. » Le

feu étant allumé, je m'approchai de son lit. « J'ai
bien dormi, me dit ce prince, j'en avais besoin,
la journée d'hier m'a fatigué. Où est M. de Firmon ? — Sur mon lit. — Et vous, où avez-vous
passé la nuit ? — Sur cette chaise... — J'en suis
fâché, dit le roi. — Ah ! Sire, puis-je penser à
moi dans ce moment ? » Il me donna une de ses
mains et serra la mienne avec affection.

J'habillai le roi et le coiffai : pendant sa toilette, il ôta de sa montre un cachet, le mit dans
la poche de sa veste, déposa sa montre sur la
cheminée ; puis, retirant de son doigt un anneau
qu'il considéra plusieurs fois, il le mit dans la
même poche où était le cachet, il changea de
chemise, mit une veste blanche, qu'il avait la
veille, et je lui passai son habit : il retira de ses
poches son portefeuille, sa lorgnette, sa boîte à
tabac, et quelques autres effets ; il déposa aussi
sa bourse sur la cheminée : tout cela en silence
et devant plusieurs municipaux. Sa toilette ache-
vée, le roi me dit de prévenir M. de Firmon ;
j'allai l'avertir, il était déjà levé : il suivit Sa Majesté dans son cabinet.

Pendant ce temps, je plaçai une commode
au milieu de la chambre, et je la préparai en
forme d'autel pour dire la messe. On avait ap-
porté à deux heures du matin tout ce qui était

nécessaire. Je portai dans ma chambre les ornements du prêtre, et lorsque tout fut disposé, j'allai prévenir le roi. Il me demanda si je pourrais servir la messe, je lui répondis que oui, mais je n'en savais pas les réponses par cœur ; il tenait un livre à la main, il l'ouvrit, puis il prit un autre livre. Pendant ce temps, le prêtre s'habillait. J'avais placé devant l'autel un fauteuil. et mis un grand coussin à terre pour Sa Majesté ; le roi me fit ôter le coussin, il alla lui-même dans son cabinet en chercher un autre plus petit et garni en crin, dont il se servait ordinairement pour dire ses prières. Dès que le prêtre fut entré, les municipaux se retirèrent dans l'antichambre et je fermai un des battants de la porte. Le roi, toujours à genoux, entendit la messe avec le plus saint recueillement, dans l'attitude la plus noble. Sa Majesté communia : après la messe, le roi passa dans son cabinet, et le prêtre alla dans ma chambre pour quitter ses habits sacerdotaux.

Je saisis ce moment pour entrer dans le cabinet de Sa Majesté ; elle me dit d'un ton attendri : « Cléry, je suis content de vos soins ! — Ah ! Sire, lui dis-je en me précipitant à ses pieds, que ne puis-je par ma mort désarmer vos bourreaux, et conserver une vie si précieuse aux bons Français ! Espérez, Sire, ils n'oseront vous frapper. — La mort ne m'effraie point, j'y suis tout préparé : mais vous, continua-t-il, ne vous exposez pas ; je vais demander que vous restiez près de mon fils : donnez-lui tous vos soins dans cet affreux séjour ; rappelez-lui, dites-lui bien toutes les peines que j'éprouve des malheurs qu'il ressent ; un jour peut-être il pourra récompenser votre zèle. — Ah ! mon maître, ah ! mon roi, si le dévouement le plus absolu, si mon zèle et mes soins ont pu vous être agréables, la seule récompense que je désire de Votre Majesté, c'est de recevoir votre bénédiction : ne la refusez pas au dernier Français resté près de vous. » J'étais toujours à ses pieds, tenant une de ses mains : dans cet état, il agréa ma prière, me donna sa bénédiction, puis me releva, et me serrant contre son sein : « Faites-en part à toutes les personnes qui me sont attachées ; dites aussi à Turgy que je suis content de lui. Rentrez, ajouta le roi, ne donnez aucun soupçon contre vous. » Puis, me rappelant, il prit sur une table un papier qu'il y avait déposé : « Tenez, voici une lettre que Pétion m'a écrite lors de votre entrée au Temple, elle pourra vous être utile pour rester ici. » Je saisis de nouveau sa main, que je baisai, et je sortis. « Adieu, me dit-il encore, adieu.....! »

Je rentrai dans ma chambre et j'y trouvai M. de Firmon faisant sa prière à genoux devant mon lit. « Quel prince ! me dit-il en se relevant ; avec quelle résignation, avec quel courage il va à la mort ! Il est aussi tranquille que s'il venait d'entendre la messe dans son palais et au milieu de sa cour. — Je viens d'en recevoir, lui dis-je, les plus touchants adieux ; il a daigné me promettre de demander que je restasse dans cette tour auprès de son fils : lorsqu'il sortira, monsieur, je vous prie de le lui rappeler, car je n'aurai plus le bonheur de le voir en particulier. — Soyez tranquille, » me répondit M. de Firmon, et il rejoignit Sa Majesté.

A sept heures, le roi sortit de son cabinet, m'appela, et, me tirant dans l'embrasure de la croisée, il me dit : « Vous remettrez ce cachet à mon fils... cet anneau à la reine ; dites-lui bien que je la quitte avec peine... Ce petit paquet renferme des cheveux de toute ma famille, vous le lui remettrez aussi... Dites à la reine, à mes chers enfants, à ma sœur, que je leur avais promis de les voir ce matin, mais que j'ai voulu leur épargner la douleur d'une séparation si cruelle ; combien il m'en coûte de partir sans recevoir leurs derniers embrassements !... » Il essuya quelques larmes, puis il ajouta, avec l'accent le plus douloureux : « Je vous charge de leur faire mes adieux !... » Il rentra aussitôt dans son cabinet.

Les municipaux qui s'étaient approchés avaient

entendu Sa Majesté, et l'avaient vu me remettre les différents objets que je tenais encore dans mes mains. Ils me dirent de les leur donner ; mais l'un d'eux proposa de m'en laisser dépositaire jusqu'à la décision du conseil : cet avis prévalut.

Un quart d'heure après, le roi sortit de son cabinet : « Demandez, me dit-il, si je puis avoir des ciseaux, » et il rentra. J'en fis la demande aux commissaires. « Savez-vous ce qu'il en veut faire ? — Je n'en sais rien. — Il faut le savoir. » Je frappai à la porte du petit cabinet, le roi sortit. Un municipal qui m'avait suivi lui dit : « Vous avez désiré des ciseaux, mais avant d'en faire la demande au conseil, il faut savoir ce que vous voulez en faire ? » Sa Majesté lui répondit : « C'est pour que Cléry me coupe les cheveux. » Les municipaux se retirèrent ; l'un d'eux descendit à la chambre du conseil, où, après une demi-heure de délibération, on refusa les ciseaux. Le municipal remonta, et annonça au roi cette décision. « Je n'aurais pas touché aux ciseaux, dit Sa Majesté ; j'aurais désiré que Cléry me coupât les cheveux en votre présence ; voyez encore, monsieur, je vous prie, de faire part de ma demande. » Le municipal retourna au conseil, qui persista dans son refus.

Ce fut alors qu'on me dit qu'il fallait me disposer à accompagner le roi, pour le déshabiller sur l'échafaud ; à cette annonce, je fus saisi de terreur ; mais, rassemblant toutes mes forces, je me préparais à rendre ce dernier devoir à mon maître, à qui cet office fait par le bourreau répugnait, lorsqu'un autre municipal vint me dire que je ne sortirais pas, et ajouta : *Le bourreau est assez bon pour lui !*

Paris était sous les armes depuis cinq heures du matin ; on entendait battre la générale : le bruit des armes, le mouvement des chevaux, le transport des canons qu'on plaçait et déplaçait sans cesse, tout retentissait dans la tour.

A neuf heures le bruit augmente, les portes s'ouvrent avec fracas ; Santerre, accompagné de sept à huit municipaux, entre à la tête de dix gendarmes et les range sur deux lignes. A ce mouvement, le roi sortit de son cabinet : « Vous venez me chercher ? dit-il à Santerre. — Oui. — Je vous demande une minute, » et il rentra dans son cabinet. Sa Majesté en ressortit sur-le-champ, son confesseur le suivait ; le roi tenait à la main son testament, et, s'adressant à un municipal, nommé Jacques Roux, prêtre jureur, qui se trouvait le plus en avant : « Je vous prie de remettre ce papier à la reine, à ma femme. — Cela ne me regarde point, je suis ici pour vous conduire à l'échafaud. » Sa Majesté, s'adressant ensuite à Gobeau, autre municipal : « Remettez ce papier, je vous prie, à ma femme ; vous pouvez en prendre lecture, il y a des dispositions que je désire que la commune connaisse. »

J'étais derrière le roi, près de la cheminée ; il se tourna vers moi, et je lui présentai sa redingote. « Je n'en ai pas besoin, me dit-il, donnez-moi seulement mon chapeau. » Je le lui remis. Sa main rencontra la mienne, qu'il serra pour la dernière fois. « Messieurs, dit-il en s'adressant aux municipaux, je désirerais que Cléry restât près de mon fils, qui est accoutumé à ses soins ; j'espère que la commune accueillera cette demande ; » puis, regardant Santerre : « Partons ! »

Ce furent les dernières paroles qu'il prononça dans son appartement. A l'entrée de l'escalier, il rencontra Mathey, concierge de la tour, et lui dit : « J'ai eu un peu de vivacité avant-hier envers vous, ne m'en veuillez pas. » Mathey ne répondit rien : il affecta même de se retirer lorsque le roi lui parla.

Je restai seul dans la chambre, navré de douleur et presque sans sentiment. Les tambours et les trompettes annoncèrent que Sa Majesté avait quitté la tour. Une heure après, des salves d'artillerie, des cris de *Vive la nation ! vive la république !* se firent entendre... Le meilleur des rois n'était plus.

## CHAPITRE III.

### Séparation de Louis XVII de sa mère.

Il était près de dix heures du soir; l'enfant royal était couché et dormait profondément. Son lit n'avait pas de rideaux; mais un châle ingénieusement tendu par les soins de sa mère, empêchait la lumière d'arriver à ses paupières closes et d'altérer le calme souriant empreint sur sa figure. La veillée s'était prolongée un peu plus que de coutume. La reine et sa sœur étaient occupées à réparer les vêtements de la famille. et Marie-Thérèse, assise entre elles deux, après avoir lu quelques pages du *Dictionnaire historique*, venait, pour terminer la soirée, d'ouvrir la *Semaine sainte*, que Turgy avait trouvé le moyen de faire parvenir à madame Elisabeth, vers la fin de mars 1793. Souvent, quand la jeune fille faisait une pause, soit après un chapitre du livre d'histoire, soit après un psaume du livre de prières, soit en tournant un feuillet, sa mère relevait la tête, laissait tomber son ouvrage sur ses genoux, et, regardant du côté du lit, prêtait l'oreille au souffle paisible de son autre enfant. Ainsi s'écoulait la soirée.

Tout à coup des pas nombreux retentissent

sur l'escalier. Les verrous, les cadenas s'agitent, la porte s'ouvre ; six municipaux se présentent. « Nous venons, dit brutalement l'un d'eux, vous notifier l'ordre du comité, portant que le fils de Capet sera séparé de sa mère et de sa famille. » A ces mots, la reine se lève, pâle de saisissement : « M'enlever mon enfant ! s'écrie-t-elle, cela n'est pas possible. » Et Marie-Thérèse, tremblante, était debout à côté de sa mère ; et madame Élisabeth, les deux mains étendues sur le livre saint, écoutait, regardait, le cœur serré, mais sans verser une seule larme. « Messieurs, dit la reine, en domptant de toutes ses forces le frisson de fièvre qui rendait sa voix frémissante, la commune ne peut songer à me séparer de mon fils ; il est si jeune, il est si faible, mes soins lui sont si nécessaires ! — Le comité a pris cet arrêté, répliqua le municipal, la Convention a ratifié la mesure, et nous devons en assurer l'exécution immédiate. — Je ne pourrai jamais me résigner à cette séparation, s'écriait la malheureuse mère ; au nom du ciel, n'exigez pas de moi cette cruelle épreuve ! » Et ses deux compagnes mêlèrent leurs larmes et leurs prières à ses prières et à ses larmes. Toutes trois s'étaient placées devant le lit de l'enfant ; elles en défendaient les abords, elles sanglotaient, elles joignaient les mains : c'étaient les plaintes les plus

touchantes, les supplications les plus humbles.
Cette scène eût attendri les plus insensibles;
mais que pouvait-elle sur le cœur des manda-
taires de la commune? « A quoi bon toutes ces
criailleries, disaient-ils; on ne vous le tuera pas,
votre enfant. Livrez-nous-le de bon gré, ou nous
saurons bien nous en rendre maîtres. » Et déjà
ils employaient la force. Violemment secoué dans
cette lutte, le rideau factice se détache et tombe
sur la tête du jeune prince. Il se réveille, il voit
ce qui se passe; il se jette dans les bras de sa
mère, il s'écrie : « Maman, ne me quittez pas! »
et sa mère le pressait tremblant sur son sein, le
rassurait, le défendait, se cramponnait de toutes
ses forces au pilier du lit. « Ne nous battons pas
contre des femmes, murmura un des commissaires qui n'avait point encore pris la parole :
citoyens, faisons monter la garde. » Et déjà il se
tournait vers le guichetier qui était debout devant la porte. « Ne faites pas cela, s'écrie la
reine : ce que vous exigez par la force, il faut
bien que nous l'acceptions; mais donnez-nous
le temps de respirer. Cet enfant a besoin de
sommeil; il ne pourra dormir ailleurs. Demain
matin, il vous sera remis. Laissez-le au moins
passer la nuit dans cette chambre, et obtenez
qu'il y soit ramené tous les soirs. » A ces mots,
pas de réponse. « Du moins, promettez-moi, dit

Marie-Antoinette, qu'il restera dans l'enceinte de la tour; et qu'il me sera permis de le voir tous les jours, ne fût-ce qu'aux heures du repas. — Nous n'avons pas de comptes à te rendre, et il ne t'appartient pas d'interroger les intentions de la patrie. Parbleu, parce qu'on t'enlève ton enfant, te voilà bien malheureuse ! Les nôtres vont bien tous les jours se faire casser la tête par les balles des ennemis que tu attires sur nos frontières. — Mon fils est trop jeune pour pouvoir encore servir son pays, dit la reine avec douceur; mais j'espère qu'un jour, si Dieu le permet, il sera fier de lui consacrer sa vie. » Cependant elle l'habillait, et, bien qu'elle fût secondée par les deux princesses, jamais toilette d'enfant ne fut plus longue. Chaque vêtement qu'on lui mettait était retourné en tous les sens, passé de main en main, et mouillé de pleurs. On éloignait ainsi de quelques secondes l'instant de la séparation. Les municipaux commençaient à perdre patience. Enfin la reine, ayant ramassé toutes ses forces au fond de son cœur, s'assied sur une chaise, prend son fils devant elle, pose les deux mains sur ses petites épaules, et, calme, immobile, recueillie dans sa douleur, sans verser une larme, sans pousser un soupir, elle lui dit d'une voix grave et solennelle : « Mon enfant, nous allons nous quitter. Souvenez-vous de vos devoirs quand je ne serai plus auprès de vous pour vous les rappeler. N'oubliez jamais le bon Dieu qui vous éprouve, ni votre mère qui vous aime. Soyez sage, patient et honnête, et votre père vous bénira du haut du ciel. » Elle dit, baise son fils au front, et le remet à ses geôliers. Le pauvre enfant se précipite encore vers sa mère, embrasse ses genoux, s'attache de toutes ses forces à sa robe : « Mon fils, il faut obéir, il le faut... — Allons, tu n'as plus, j'espère, de doctrine à lui faire, dit un des commissaires. Il faut avouer que tu as fièrement abusé de notre patience ! — Tu pouvais te dispenser de lui faire la leçon, disait un autre en entraînant violemment le prince hors de la chambre. — Ne vous en inquiétez plus, continua un troisième, la nation, toujours grande et généreuse, pourvoira à son éducation. » Et la porte se referma.

Oh ! ce furent alors des larmes, des sanglots, des cris de désespoir, des grincements de dents. La pauvre mère, dans les convulsions de sa douleur, se roulait sur la couche déserte de son enfant. Elle avait un moment repris toute sa dignité royale en présence de ses ravisseurs, toute sa gravité maternelle en face de son enfant qu'elle bénissait pour la dernière fois ; mais cet effort suprême avait absorbé toute l'énergie de son caractère, toute la puissance de sa raison. Jamais désespoir ne fut plus grand. Les trois captives se regardaient, s'embrassaient, et ne pouvaient proférer une parole. Cette séparation semblait leur annoncer, pour l'enfant qu'elles perdaient, tous les genres de malheur. Certes, depuis long-temps, de déchirants souvenirs et de lugubres pensées poursuivaient à toute heure ces nobles débris de la maison royale; mais, réunis et comme abrités dans leur mutuelle affection, ils consolaient leur chagrin par de douces paroles, ils fortifiaient leur courage par de pieuses pensées; et cet angélique enfant, par la vivacité de son esprit, le charme de sa tendresse et les grâces de son âge, jetait sur leurs jours les plus sombres comme une auréole de joie et d'espérance : une mère espère toujours près du berceau de son enfant.

De ce moment, toute illusion fut arrachée à Marie-Antoinette. Son âme de chrétienne avait accepté tous les sacrifices, sa fierté de reine avait supporté sans plainte toutes les humiliations; mais, dans ses tristes prévisions, son cœur de mère n'avait jamais laissé entrer l'idée qu'on pût la séparer de ses enfants.

(M. DE BEAUCHÊNE, *Vie de Louis XVII.*)

# CHAPITRE IV.

## Mort de Louis XVII.

Comme une jeune plante privée d'air, et dont un insecte invisible ronge les tendres racines, le pauvre enfant penchait sa tête languissante. Toutefois, l'excès de sa misère n'avait pas épuisé sa résignation. Sous ses paupières caves, sur ses joues amaigries, on ne voyait aucun signe de ressentiment; il souffrait sans murmurer, il s'éteignait sans se plaindre. La plante se mourait courbée sur sa tige, mais gardant ses doux parfums, sinon ses douces couleurs.

Sous les étreintes brûlantes du mal qui troublait ses sens, qui enchaînait à la fois et déchirait ses membres, souvent il levait les yeux vers le ciel, comme s'il eût voulu dire : « Seigneur, que votre volonté s'accomplisse ! »

Je ne cherche point à faire répandre quelques larmes sur sa fin qui approche ; je sais trop que c'est chose commune que la mort à tout âge, et que ce n'est pas sans raison que le monde a donné au cercueil et au berceau la même forme et la même matière. Mais ce qui n'est pas dans la règle ordinaire, c'est ce duel calculé entre la vie et la mort, c'est cette lutte établie entre l'enfance et les tortures. L'enfance est si vivace qu'il a fallu

deux ans pour en dessécher la séve : la persé-
vérance du crime est enfin parvenue à briser
tous les ressorts, à ravir toutes les sources de la
vie. De tous les forfaits inventés par le génie révolutionnaire, sans nul doute celui-ci est le plus
grand. Robespierre n'a fait qu'imiter Cromwell :
la Convention a copié le long parlement, et l'é-
chafaud de Louis XVI se dresse en face de celui
de Charles Iᵉʳ. Mais les rapprochements de l'histoire s'arrêtent là ; Richard III s'est borné, en
Angleterre, à étouffer les enfants des rois. Qu'il
y a loin du meurtre de la tour de Londres à la
tragédie de la tour du Temple ! Que l'assassinat
des fils d'Edouard était chose simple et banale
auprès du lent supplice du fils de Louis XVI ! et
que Simon fait regretter Tyrrel !

Le médecin envoyé pour la forme à l'enfant
mourant, comme un avocat nommé d'office à un
criminel jugé d'avance, osa toutefois apporter au
fils des rois le zèle qu'il aurait eu pour le dernier enfant du peuple. Il alla même jusqu'à blâ-
mer les commissaires de la municipalité de n'a-
voir point fait enlever les abat-jour qui obstruaient
les fenêtres, ainsi que les énormes verroux dont
le bruit n'avait cessé de rappeler à la victime, et
son abandon d'orphelin, et sa destinée de prisonnier. Ce bruit, qui lui avait toujours causé un
frisson involontaire, le troublait encore dans le

funèbre dénouement des suprêmes tortures. M. Pelletan dit avec force à M. Thory, municipal de service : « Si vous ne faites pas disparaître immédiatement ces verroux et ces abat-jour, du moins vous ne pouvez vous opposer à ce que nous transportions cet enfant dans une autre chambre, car nous sommes, je suppose, envoyés ici pour le soigner. » Le prince, ému de ces paroles prononcées avec feu, fit signe au médecin d'approcher.« Parlez plus bas, je vous en prie, dit-il, j'ai peur qu'elles vous entendent là-haut, et je serais bien fâché qu'elles apprissent que je suis malade, car cela leur ferait beaucoup de peine. »

Soit que ce commissaire se trouvât disposé de cœur à cette concession, soit qu'il y fût amené par l'autorité d'une voix généreuse, il se prêta sans opposition à la demande du médecin, et l'on se disposa à transporter le prisonnier dans la pièce de la petite tour qui avait autrefois servi de salon à M. Barthélemy. L'enfant suivait, d'un air à la fois soupçonneux et content, les petits préparatifs de ce déménagement. Ce fut Gomin qui le transporta à bras-le-corps, la main droite de l'enfant passée sur son épaule. Le pauvre petit souffrit beaucoup dans le trajet, et rien ne le dédommageait encore de ce surcroît de douleur, car son œil ne percevait d'abord qu'une vague sensation de radieuse lumière dont l'éclat même ne

lui permettait point de rien distinguer ; tous les
objets se mêlaient autour de lui, brouillant leurs
lignes confuses. Mais, un instant après , il fut
bientôt récompensé de cette aggravation mo-
mentanée de ses souffrances ; il se trouva dans
une chambre aérée, avec une grande fenêtre sans
barreaux et sans abat-jour, ornée de grands rideaux blancs qui laissent voir le ciel et le soleil :
le ciel et le soleil ! le gai soleil entrant par la fenêtre ouverte, quel spectacle pour un enfant si
longtemps enfoui dans un cachot !

Peu à peu l'air frais toucha sa tête brûlante et
arriva dans sa poitrine desséchée : l'expression
de ses traits changea ; il n'y eut plus de soupçon
dans sa physionomie, et un éclair de vie illu-
mina son visage. Il ouvrit de grands yeux pour
contempler sa nouvelle demeure, puis un instant
après il reposa sur Gomin un regard plein d'a-
mour heureux et de reconnaissance : il faut être
mort de douleur pendant deux ans pour savoir
combien il est doux de vivre !

M. Pelletan n'avait rien changé au traitement
prescrit par M. Desault, et qui se bornait à des
frictions et à une tisane de houblon ; tout ce qu'il
avait pu faire, c'était d'avoir obtenu un peu d'air
pour son malade et un peu de jour pour ses
yeux presque éteints. Il n'avait rien à demander

pour lui à la science des hommes, il ne put que lui donner un rayon de soleil pour seul et dernier consolateur.

Et encore, ce bienfait lui fut-il une consolation? Avec l'air et le soleil lui revint un peu de vie, et avec la vie la pensée! La pensée, qui devait lui rendre ses souffrances plus cruelles et la vérité plus amère; la pensée, qui revenait avec tant de souvenirs et tant d'appréhensions! Depuis huit heures du matin, l'enfant, comme de coutume, et selon les règles prescrites, était demeuré seul.

Le 6 juin, Lasne monta le premier dans sa chambre, il lui fit une friction sur le genou droit et sur le poignet gauche, il lui donna une cuillerée de tisane, qu'il prit sans opposition. Le voyant ainsi bien disposé et le croyant réellement mieux, Lasne le leva. A huit heures et demie, Pelletan arriva, il lui tâta le pouls, examina ses tumeurs et ne prescrivit rien de nouveau; il dit seulement à l'enfant : « Êtes-vous content d'être dans cette chambre? — Oh! oui, bien content! » répondit le dauphin d'une voix faible et avec un sourire triste et doux qui serra le cœur de ceux auxquels il s'adressait.

Vers deux heures, Gomin monta avec le dîner et le nouveau commissaire civil, du nom d'Hébert. L'enfant, soulevé de son oreiller, prit un peu de soupe, et, comme fatigué de ce travail, il s'allongea de nouveau, après avoir mis sur son lit quelques cerises que, de temps en temps, sa main défaillante allait chercher et portait à ses lèvres. Le citoyen Hébert (il n'était pas indigne de son homonyme), s'adressant à Gomin : « Ah çà! citoyen, tu me montreras l'ordre que tu as reçu de déménager le louveteau!— Nous n'avons pas d'ordre écrit, reprit le gardien; mais le médecin, que tu verras demain matin, te dira que nous n'avons agi que d'après son ordre. — Depuis quand, reprit Hébert d'une voix haute, les carabins gouvernent-ils la République? Il faut, entends-tu bien, que tu fasses demander l'ordre au comité. » En entendant tomber cette rude menace, l'enfant abandonna ses cerises et retira sa main débile qu'il plongea lentement dans le lit. Le bonheur d'avoir une chambre bien éclairée et un peu d'air était trop grand pour ne pas être mêlé d'inquiétude.

La nuit revint, la nuit morne et taciturne qui laissait le craintif agonisant en proie à ses pensées cruelles, à ses douleurs solitaires. Qui sait ce qu'il a souffert durant cette longue nuit où des mains avides et des voix haineuses semblaient venir lui disputer la couche sur laquelle il s'éteignait!

Le lendemain M. Pelletan apprit que le gouvernement avait accueilli la demande qu'il lui avait faite d'être secondé par un collègue dans la triste mission qui lui avait été confiée. M. Dumangin, premier médecin de l'hôpital de l'Unité, se présenta chez lui dans la matinée du 19 prairial (dimanche 7 juin), avec la lettre d'avis émanée du comité de sûreté publique. Ils se transportèrent ensemble immédiatement à la tour.

Ils apprirent en arrivant que l'enfant, dont la faiblesse était extrême, avait, après les frictions et la potion ordinaire, éprouvé un évanouissement qui avait fait craindre sa fin prochaine. Cependant il était un peu remis quand les médecins montèrent, vers neuf heures, accompagnés d'Hébert qui resta muet et comme gêné pendant la visite. Désarmés devant un épuisement toujours croissant, ils reconnurent qu'il ne restait plus d'espoir de raviver une existence usée par de si longues tortures, et que tous les secours de leur art ne sauraient désormais que contribuer à adoucir la dernière phase de cette lamentable agonie. Ils exprimèrent un vif étonnement de l'abandon dans lequel on le laissait pendant la nuit et une partie de la journée. Comme les gardiens leur répondirent qu'ils suivaient une consigne rigoureusement imposée, les médecins insistèrent, dans le bulletin, sur la nécessité de donner au petit Capet une garde-malade. Le comité de sûreté générale prit, en date du lendemain, un arrêté pour autoriser les médecins à placer une personne de leur choix auprès du lit de souffrance de l'enfant. Cette permission vint bien tard, si tard que le jour même le comité de sûreté générale dut prendre un autre arrêté qui, comme on le verra, annulait la première mesure devenue, hélas! inutile.

Les médecins permirent un verre d'eau sucrée, si l'enfant, dont le gosier était brûlant, demandait encore à boire, et ils se retirèrent avec le sentiment d'une douloureuse impuissance. L'avis de M. Pelletan fut que le jeune prince ne passerait pas le lendemain; M. Dumangin croyait le terme un peu plus éloigné.

Il fut convenu entre eux que, le lendemain matin, le docteur Pelletan reviendrait visiter le malade à huit heures, et M. Dumangin à onze.

Les médecins avaient à peine franchi le seuil de la porte, que la langue d'Hébert se délia par cette brusque apostrophe que les gardiens nous ont transmise : « Dites donc, citoyens, Marat était le médecin des gardes du corps du Capet d'Artois, il n'en était pas moins l'ami du peuple! »

Remonté le soir à l'heure du souper, Gomin fut bien agréablement surpris de trouver le malade un peu mieux : son teint lui parut plus clair, son œil plus vif, sa voix plus forte. « C'est vous ! dit-il tout d'abord à son gardien avec un mouvement qui ressemblait à de la joie. — Enfin, vous souffrez moins ? lui dit Gomin.— Moins, dit l'enfant.— C'est à cette chambre que vous le devez. Ici du moins l'air circule en pleine liberté, la lumière y pénètre ; les médecins viennent vous voir, et vous devez être un peu consolé. » Il regarda le surveillant d'un œil plein d'amertume. Cet œil si pur il y a un instant se voila, puis il brilla tout à coup d'un éclat nouveau : une grosse larme en avait jailli et avait roulé sur sa joue. Gomin lui demanda ce qu'il avait : « Toujours seul ! avait-il répondu. Ma mère est restée dans l'autre tour ! »

On voit que tout ce que son cœur avait encore de chaleur et de tendresse, ce malheureux enfant le donnait à sa mère absente. Cet amour filial avait survécu à tout ; cet amour était fort comme sa volonté, il était profond comme son âme. L'amour, c'est l'Ecriture qui l'a dit, est plus fort que la mort. Aux heures où la réflexion dominait le sentiment de ses souffrances, toute autre pensée s'effaçait en lui, et son cœur si éprouvé se refermait doucement sur l'image adorée de sa mère.

Gomin reprit : « C'est vrai, vous êtes seul, et c'est bien triste ; mais vous n'avez pas ici le spectacle de tant de méchants hommes et l'exemple de tant de mauvaises actions. — Oh ! j'en vois assez, murmura-t-il ; mais, ajouta-t-il d'une voix adoucie, en arrêtant les yeux sur son gardien et en appuyant la main sur son bras, je vois aussi de braves gens, et ils m'empêchent d'en vouloir à ceux qui ne le sont pas. » Gomin lui dit alors : « N..., que vous avez vu souvent ici comme commissaire, a été arrêté et il est maintenant en prison. — J'en suis fâché, dit le prince, est-ce ici ? — Non, ailleurs, à la Force, dans le quartier Saint-Antoine. » Une âme ordinaire se serait crue vengée : lui, il eut la magnanimité de plaindre son persécuteur. Il fit une longue pause et répéta avec réflexion : « J'en suis bien fâché ; car, voyez-vous, il est plus malheureux que nous ; il mérite son malheur. » Ces paroles d'une si grande simplicité et d'une si haute sagesse doivent étonner sans doute dans la bouche d'un enfant qui n'avait guère que dix ans ! Elles sont telles cependant qu'elles ont été prononcées ; et ce ne furent pas seulement les mots qui frappèrent le plus l'interlocuteur, ce fut l'accent vrai, simple, pénétrant avec lequel ils furent dits ; tant il est vrai qu'il y a une sorte de précocité que donne la douleur, ou, pour parler un langage plus chrétien, une sorte d'inspiration que Dieu envoie à ceux qui souffrent et qui vont mourir.

La nuit vint, nuit suprême, que les règlements le condamnaient encore à passer dans la solitude, côte à côte avec la souffrance, sa vieille compagne ; mais cette fois du moins avec la mort à son chevet. Ce fut encore Lasne qui, le lundi 8 juin, entra le premier dans sa chambre, entre huit et neuf heures. Gomin nous a avoué qu'il n'osait plus, depuis plusieurs jours, y monter le premier, dans l'appréhension de trouver le sacrifice accompli. Les médecins arrivèrent, chacun à l'heure convenue. L'enfant était levé quand Pelletan vint le voir à huit heures. Lasne le croyait mieux depuis la veille, mais le bulletin du médecin ne lui fit que trop comprendre qu'il se trompait. L'entrevue fut courte. Se sentant de la pesanteur dans les jambes, le jeune malade demanda bientôt lui-même à se coucher.

Il était au lit quand Dumangin entra, vers onze heures. L'enfant le reçut avec cette douceur inaltérable qu'il conservait au milieu de ses souffrances, et à laquelle ce médecin a rendu témoignage.

Les deux bulletins, partis du Temple à onze heures, dénonçaient des symptômes effrayants pour la vie du malade.

M. Dumangin s'étant retiré, Gomin remplaça Lasne dans la chambre du dauphin. Il s'assit auprès de son lit et ne lui parla point, de peur de le fatiguer. Le prince n'entamait jamais la conversation, et, par conséquent, il ne dit rien non plus; mais il arrêta sur son gardien un œil profondément mélancolique. « Que je suis malheureux de vous voir souffrir comme cela! lui dit Gomin. — Consolez-vous, lui dit l'enfant, je ne souffrirai pas toujours. » Gomin se mit à genoux, pour être plus près de lui. L'enfant lui prit la main et la porta à ses lèvres. Le cœur religieux de Gomin se fondit en une ardente prière, une de ces prières que la douleur arrache à l'homme et que l'amour envoie à Dieu. L'enfant ne quitta pas la main fidèle qui lui restait; il éleva un regard vers le ciel pendant que Gomin priait pour lui. Il est impossible de dire tout ce qu'il y avait de saint et d'angélique dans ce dernier regard d'enfant.

Vous nous demanderez sans doute quelles ont été les dernières paroles du mourant; car vous avez connu celles de son père qui, du haut de l'échafaud, dont sa vertu avait fait un trône, envoyait le pardon à ses assassins. Vous avez connu celles de sa mère, de cette reine héroïque qui, impatiente de quitter la terre où elle avait tant souffert, priait le bourreau de se dépêcher. Vous avez connu celles de sa tante, de cette vierge chrétienne qui, d'un œil suppliant, lorsqu'on lui enlevait son vêtement pour mieux la frapper, demandait, au nom de la pudeur, qu'on lui couvrît le sein. Et maintenant oserais-je vous répéter les paroles suprêmes de l'orphelin? Ceux qui recueillirent son dernier souffle me les ont rapportées, et je viens fidèlement les inscrire dans le martyrologe royal.

Gomin, voyant l'enfant calme, immobile, muet, lui dit : « J'espère que vous ne souffrez pas dans ce moment? — Oh ! si, je souffre encore, mais beaucoup moins : la musique est si belle ! »

On ne faisait aucune musique ni dans la tour ni dans les environs ; aucun bruit du dehors n'arrivait en ce moment à cette chambre où le jeune martyr s'éteignait. Gomin, étonné, lui dit : « De quel côté entendez-vous cette musique ? — De là haut ! — Y a-t-il longtemps ? — Depuis que vous êtes à genoux. Est-ce que vous n'avez pas entendu ? Ecoutez ! Ecoutez ! » — Et l'enfant soulève par un mouvement nerveux sa main défaillante, en ouvrant ses grands yeux illuminés par l'extase. Son pauvre gardien, ne voulant pas détruire cette douce et suprême illusion, se prit à écouter aussi avec le pieux désir d'entendre ce qui ne pouvait être entendu.

Après quelques instants d'attention, l'enfant tressaillit de nouveau, ses yeux étincelèrent, et il s'écria, dans un transport indicible : « Au milieu de toutes les voix, j'ai reconnu celle de ma mère ! » — Ce nom tombé des lèvres de l'orphelin semblait lui enlever toute douleur. Ses sourcils froncés se détendirent, et son regard s'alluma de ce rayonnement serein que donne la certitude de la délivrance ou de la victoire. L'œil attaché sur un spectacle invisible, l'oreille ouverte au bruit lointain d'un de ces concerts que l'oreille humaine n'a pas entendus, il sentait éclater dans sa jeune âme toute une existence nouvelle.

Un instant après, l'éclat de ce regard s'était éteint, ses bras s'étaient croisés sur sa poitrine et un froid découragement était empreint sur son visage. Gomin l'observait de près et suivait d'un œil inquiet tous ses mouvements. Sa respiration n'était pas plus pénible, seulement sa prunelle errait lentement et distraite, ramenant de temps en temps un regard vers la fenêtre.... Gomin lui demanda ce qui l'occupait de ce côté. L'enfant regarda son gardien quelques instants, et, bien que la même question lui eût été faite de nouveau, il ne parut point l'avoir comprise et il n'y répondit point.

(M. DE BEAUCHÊNE, *Vie de Louis XVII*.)

* 9 7 8 2 3 2 9 8 1 1 3 0 7 *